Wilson
&
Angelina Cantarero

LA
ACTITUD
LO ES
TODO

¡Cambie
su actitud
y cambiará
su vida!

JEFF KELLER

TALLER DEL ÉXITO

LA ACTITUD LO ES TODO

Taller del Éxito Inc.
1669 N.W. 144 Terrace, Suite 210
Sunrise, Florida 33323
Estados Unidos
info@tallerdelexito.com

Editorial dedicada a la difusión de libros y audiolibros de desarrollo personal, crecimiento personal, liderazgo y motivación.

Diseño de caratula: Diego Cruz
Primera edición publicada por Taller del Éxito en 2008

ISBN 13: 978-1-93105-924-4
ISBN 10: 1-931059-24-1

Impreso en México
Printed in Mexico

14   15   16   17   18   R|MC   18   17   16   15   14

RECONOCIMIENTOS

A mis padres, Freda y Leo Keller, por su amor y apoyo, y por el código de ética que me enseñaron, el cual me ha sido muy útil en la vida.

A mi hermano Marc Keller, por su apoyo entusiasta a mi trabajo.

A Kathleen Regan, por diseñar el atractivo logo de *La actitud lo es todo*.

A los miembros de la *National Speakers Association*, quienes han compartido generosamente su conocimiento y experiencia, y quienes me ayudaron a desarrollar mis habilidades como orador y escritor.

ÍNDICE

INTRODUCCIÓN

La noche que cambió mi vida

> "El gran descubrimiento de mi generación es que los seres humanos pueden cambiar sus vidas cambiando su actitud mental".
>
> —William James

En 1980, cuando me gradué de la escuela de leyes pensé que sería abogado el resto de mi vida. Después de todo, eso era lo que había querido hacer desde los años de mi adolescencia.

Al principio, todo sucedió de acuerdo al plan. Después de estudiar mucho durante el verano, aprobé los exámenes y por consiguiente fui autorizado para ejercer la abogacía en Nueva York. Por otra parte, en el plano personal mi vida estaba en su mejor momento. A principios de 1981 me casé con Dolores, una compañera de la facultad de leyes. Tenía por delante todo el éxito y la felicidad.

Por lo menos eso era lo que yo pensaba.

Pero después de ejercer el derecho durante unos pocos años me di cuenta que no era tan feliz como esperaba.

Es cierto, había algunas cosas que me gustaban de mi profesión. Me complacía ver cuando la gente resolvía sus litigios, especialmente cuando les podía ayudar a ahorrarse la agonía de trámites legales demorados.

Sin embargo, había muchas cosas que no me gustaban de ser abogado – y aquello me consumía. Montañas y montañas de papeles y fallos para archivar. Demoras y aplazamientos constantes. No era inusual que un juicio se pospusiera hasta diez veces.

Hubo un momento en que temía ir al trabajo.

Así, continué realizando mi trabajo de forma mecánica, pero la insatisfacción aumentaba. Me empecé a sentir frustrado y muy deprimido. Para decirlo sin rodeos no me gustaba mi vida, y no veía esperanza de que las cosas fueran a mejorar.

¿Alguna vez usted ha tenido un trabajo en el que experimenta temor de ir – donde siente "el peso del mundo en sus hombros"?

Bueno, así es como yo me sentía. Literalmente estaba encorvado. Me sentía adolorido, tanto física como emocionalmente. Me veía más viejo de lo que realmente era. Empecé a sentir dolores de cabeza constantemente y mi estómago estaba en constante agitación. Visité a varios médicos con el temor de que tuviera algún problema serio de salud. Me practicaron muchos exámenes médicos los cuales siempre mostraban los mismos resultados – físicamente todo estaba bien con mi salud. Uno de los médicos me recomendó que tomara Maalox para aliviar mi atribulado estómago.

Adicionalmente, estaba muerto en sentido espiritual. Nada en mi vida tenía mucho significado. Mi transcurrir diario en ese estado estaba afectando hasta mi apariencia. ¡Aunque todavía no tenía treinta años, me veía como de cuarenta!

Durante los primeros meses de 1985, poco después de haber cumplido treinta años, me sentía completamente quemado. Algo particular sucedió una noche, mientras estaba sentado en mi estudio. Sabía que algo tenía que cambiar. Sin saber qué hacer, sencillamente grité: *"Tiene que haber algo más para mi vida que simplemente esto… tiene que haber algo más que simplemente esta miseria e infelicidad"*.

Se presenta ayuda de una fuente inesperada

Más tarde, esa noche, estaba viendo la televisión en el estudio. Era como la una de la madrugada y mi esposa Dolores ya se había ido a dormir. Yo me sentía tan desesperado que no podía dormir. Cambiaba de canales para ver si encontraba algo en que ocupar mi tiempo. Entre las diversas cosas que vi encontré un comercial que me llamó la atención.

En circunstancias normales hubiera cambiado de canal en una fracción de segundo, pero por alguna razón continué viéndolo.

El producto que se estaba anunciando se denominaba *The Mental Bank* (El banco mental), y estaba siendo promocionado por la actriz Florence Henderson. El curso *The Mental Bank* era un curso para estudiar en casa que explicaba cómo las cosas que alcanzamos en la vida se obtienen sobre la base de nuestras creencias subconscientes.

> **Usted no es lo que cree que es. Pero lo que usted crea, es lo que usted será.**
> **—Dr. Norman Vincent Peale**

En vista de la desesperación que sentía, decidí comprar el curso. Inmediatamente saqué mi tarjeta de crédito y solicité el programa a vuelta de correo.

Fue así como aquella noche, en la intimidad de mi cuarto de estudio, ocurrió algo que cambiaría mi vida por completo.

A propósito, dos días después, cuando tímidamente le conté a Dolores lo que había hecho, se sorprendió muchísimo.

"¿Hiciste qué?" – preguntó extrañada. No se trataba de que ella se opusiera a la compra – más bien, le resultaba completamente inusual que yo comprara algo por impulso, y más aún, si venía de un comercial de televisión.

Varios días después, llegó a mi casa el programa *The Mental Bank*. Me emocionó muchísimo empezar a aprender que nuestros pensamientos determinan nuestra calidad de vida. Antes de ello, nunca había escuchado nada al respecto. Lamentablemente, esto es algo que no se aprende en la universidad.

El programa *The Mental Bank* me impulsó a buscar más información sobre motivación. Empecé a leer libros sobre Napoleon Hill, Og Mandino, Norman Vincent Peale y Robert Schuller. De igual forma, empecé a escuchar con mucho interés los programas radiales de Zig Ziglar, Earl Nightingale, Jim Rohn, Bob Proctor y muchos otros. ¡Me sentía como si de repente hubiera encontrado fuentes de agua luego de haber estado vagando, muerto de sed, por un desierto inhóspito!

Lógicamente, mi vida no cambió de la noche a la mañana. Sin embargo, desde el momento en que empecé a cambiar mi actitud negativa por una positiva, empecé a obtener resultados significativos.

Me sentía mejor, con más energías. Empecé a alcanzar metas que nunca antes hubiera imaginado que alcanzaría... ¡todo debido a mi cambio de actitud! Ahora me enorgullece decir que cuando la gente me pregunta mi edad y digo que tengo cincuenta y dos años, la respuesta que recibo es: "¡Usted se ve mucho más joven!"

¡Todo radica en la actitud!

De abogado a conferencista

Mientras seguía trabajando como abogado, continuaba mi programa de estudio sobre motivación en mi tiempo libre. Mi desempeño profesional empezó a mejorar gracias a mi nueva actitud positiva. No obstante, sentía tanta pasión por mi "hobby" – pasión que nunca experimenté en mi trabajo –, que empecé a anhelar el día en que pudiera dejar por completo mi quehacer como abogado y pudiera dedicarme de lleno a mi nuevo interés.

En 1989, después de cuatro años de investigación exhaustiva sobre temas de motivación y actitud, decidí presentar algunos seminarios para adultos en una escuela de secundaria local. Me pagaban 30 dólares por cada hora de clase y dictaba dos horas seguidas. Este, por supuesto no era un salario con el que pudiera abandonar mi trabajo para dedicarme a mi gran pasión.

Cuando me puse de pie para iniciar mi primer seminario, me sentí sobrecogido. Sudaba y mi corazón latía con rapidez.

Pero de alguna manera obtuve el coraje para hacerlo. Los estu-
diantes disfrutaron la clase y yo experimentaba una subida de
adrenalina a medida que iba presentando el material que había
revolucionado mi propia vida; ¡material que tenía también el
poder de hacer lo mismo por otros!

¡Había empezado!

Con el tiempo, los honorarios de las conferencias empezaron
a aumentar, y en 1990 decidí empezar a dejar gradualmente mi
profesión de abogado en el término de unos pocos años. Esta no
fue una decisión fácil. Había dedicado cuatro años para obtener
mi título profesional y había pasado otros tres años en la escuela
de leyes para alcanzar mi licenciatura, y, aún más, había estado
diez años de mi vida ejerciendo como abogado. Cuando uno ha
invertido tanto en una carrera, no es fácil retirarse.

Por supuesto, también estaba el tema del dinero. Como
abogado, estaba en posición de ganar $100.000 dólares en pocos
años, y estaría ganando eso, y hasta más, por el resto de mi carrera.

Determino una posición

Pese a que estaba obteniendo
un poco más de ingresos de mi
nuevo "hobby", me di cuenta de
que tendría que hacer algunos gas-
tos para iniciar mi nueva empresa.
Afortunadamente, Dolores y yo

> **Nunca subestime su
> capacidad de cambiar.
> —Dr. Norman
> Vincent Peale**

habíamos ahorrado algo de dinero durante algún tiempo. Para
complementar mis ingresos, empecé a vender mi línea exclusiva
"La actitud lo es todo". No obstante, no había forma de evitarlo:
tendría que dar un gran paso hacia atrás en sentido financiero
para poder iniciar mi propio negocio... por lo menos al principio.

Y sin embargo, era el tiempo de continuar. Me sentí como
si me estuvieran conduciendo desde mi profesión de abogado
a mi nueva carrera. Cada vez que hablaba ante un auditorio o
escribía un artículo sobre motivación, me sentía renovado y lleno
de vida. Sabía que allí era adonde pertenecía.

Así que comencé a hacer una transición gradual; trabajaba cuatro días a la semana como abogado, más tarde tres días, luego dos... hasta que en 1992, empecé a trabajar de tiempo completo como conferencista y escritor en temas de motivación.

Créanme, mi madre no se sorprendió en absoluto cuando le dije que estaba renunciando a mi carrera de leyes para pronunciar discursos sobre el tema de la actitud. Después de todo, da mucho prestigio decir: "¡Mi hijo es abogado!"

> **La actitud positiva es el pasaporte para un mejor mañana.**
> **—Anónimo**

Hay algunas cosas que se tienen que asumir cuando uno adopta una determinada postura en la vida. Uno tiene que encarar el hecho de que algunas personas refutarán la decisión. También aprendí que, en ocasiones, en la vida se tienen que dejar pasar algunas oportunidades y dar algunos pasos hacia atrás, antes de que se pueda empezar a avanzar hacia una nueva dirección. Parte del precio que tuve que pagar fue renunciar al dinero, al prestigio y a la seguridad que se tienen cuando se ejerce la abogacía.

A propósito, mi madre resultó ser un gran apoyo en mi nueva carrera, especialmente cuando se dio cuenta que estaba haciendo progresos, y que realmente estaba disfrutando lo que estaba haciendo.

¿Por qué estoy contándole todo esto acerca de mi transición en mi carrera? No es para impresionarlo con lo que he hecho. Se lo aseguro, cometí muchísimos errores y equivocaciones a lo largo del camino.

Estoy contándole mi historia porque quiero que sepa el cambio tan drástico que tuvo mi vida, y lo mucho que ésta mejoró a raíz del cambio que hice en mi actitud.

Prueba evidente y positiva de que ¡la actitud lo es todo!

Cómo le beneficia este libro

Antes de entrar directamente en materia quiero expresar

algunos pensamientos finales: Este libro puede ayudarle, sin importar cuan positivo o negativo sea usted en este momento.

Si usted se considera una persona negativa, no se angustie, usted puede utilizar los conceptos presentados aquí para desarrollar y mantener una actitud positiva... y, por supuesto, alcanzar logros increíbles en su vida.

Si usted ya es una persona positiva, podrá utilizar los principios que se expondrán aquí para acrecentar aún más sus niveles de éxito y satisfacción.

Actualmente ya he dedicado más de veinte años investigando por qué algunas personas alcanzan el éxito mientras que otras no. Durante ese tiempo he leído un centenar de libros y miles de artículos de revistas sobre la actitud y el éxito. También he escuchado más de 3.000 horas de programas de audio sobre estos temas. He entrevistado a un número considerable de personas que han alcanzado el éxito con el fin de aprender sus "secretos para el éxito".

Más importante aún, he aplicado personalmente todas y cada una de las estrategias para el éxito que se explican en este libro. De modo que sé, por experiencia de primera mano, que estas ideas funcionan – y estoy completamente seguro que tienen el poder de literalmente transformar su vida.

Con esto no quiero decir que "lo sé todo" en lo relacionado con el tema. ¡Lejos de ello!; más bien, considero que mi trabajo "va en progreso" y cada día aprendo más.

> **Piense, actúe y hable con entusiasmo, así atraerá resultados positivos.**
> **—Michael LeBoeuf**

Sin embargo, sé muy bien lo que es tener una actitud negativa, ya que la tuve durante los primeros treinta años de mi vida. También sé lo que es dudar de sí mismo y de sus capacidades porque me ocurrió durante treinta años. Todos los cambios positivos que he hecho en mi vida son el resultado de practicar los principios que usted leerá en este libro.

Piense... hable... y actúe

Este libro está dividido en tres partes. Cada una contiene una serie de lecciones. Así resulta útil localizar cualquier área en particular por si, más adelante, se necesita volver a considerarla.

En la Parte 1, *El éxito empieza en la mente*, consideraremos el poder de la actitud y la convicción que se necesita para trans— formar nuestro destino. Aprenderá que el éxito inicialmente depende de la forma en que usted PIENSA.

En la Parte 2, *Vigile sus palabras*, nos concentraremos en la forma en que usted HABLA... la forma en que su actitud se refleja en sus palabras... y cómo el lenguaje positivo puede ayudarle a conducirlo hacia sus metas.

En la Parte 3 *La suerte ayuda a los que actúan*, abordaremos la última etapa de nuestro viaje. Aunque usted piense positiva— mente, y hable positivamente, no alcanzará sus sueños hasta que ACTÚE. Uno no puede sentarse cómodamente y esperar que el éxito venga a hacerle una visita. En esta sección, aprenderá cuáles son los pasos determinantes que se necesitan para convertir sus sueños en realidad.

Cuando usted PIENSE, HABLE y ACTÚE de forma tal que dé respaldo al éxito que desea alcanzar, estará encauzándose en la ruta para obtener resultados asombrosos en su vida.

Usted está a punto de embarcarse en un viaje que le traerá éxito y felicidad más allá de sus sueños más anhelados. Así que, comencemos.

parte I

El éxito empieza en la mente

*El éxito es un estado mental. Si usted desea alcanzarlo,
comience pensando que usted mismo es un éxito.*
—Dr. Joyce Brothers

LECCIÓN 1

SU ACTITUD ES LA VENTANA AL MUNDO

> "Es mejor que usted se mantenga
> limpio y brillante; usted es la ventana
> a través de la cual verá al mundo".
>
> —George Bernard Shaw

Fue sólo hasta después de la una de la tarde cuando Sara empezó a sentir hambre. Había estado trabajando varias horas en su escritorio cuando decidió ir a comer algo en un café cercano.

Unos minutos más tarde, Sam entró al café y se sentó en una mesa a una distancia cercana de Sara. Él también estaba en su hora de almuerzo.

Aquella tarde la misma camarera atendió a Sara y a Sam. Cada uno de los comensales esperó casi la misma cantidad de tiempo para que la camarera tomara la orden. Cada uno de ellos recibió su alimento más o menos al mismo tiempo. A cada uno se les sirvió comida saludable y bien preparada. Cada uno debió esperar la misma cantidad de tiempo para que la camarera trajera la cuenta.

Pero allí fue donde las similitudes terminaron.

Sara había entrado al café con un semblante sonriente, caminando con gracia y con un enfoque positivo hacia el mundo. Aquello era evidente para todo el que la

> **Las actitudes obran un poder secreto 24 horas al día, para bien o para mal.**
> **—Anónimo**

observara. Su lenguaje corporal y su postura reflejaban optimismo. Sara tuvo un almuerzo placentero, había intercambiado una conversación amable con la camarera y regresó al trabajo con fuerzas renovadas.

Por otra parte Sam, había ingresado al café con el ceño fruncido. Parecía como si hubiera estado masticando agraz toda la mañana. Se veía encorvado y tenso. Su lenguaje corporal parecía exclamar: "¡aléjese de mí!" Se mostró molesto; primero, cuando la camarera no tomó la orden inmediatamente, y luego, cuando tuvo que esperar que su alimento llegara. Después se quejó de la comida y se enfadó al no recibir su cuenta al instante.

¿Por qué tuvieron Sara y Sam experiencias tan diferentes en el café? Recordemos que cada uno de ellos había sido atendido de la misma forma. Se resume en esto: Sara ve el mundo con una actitud positiva. Sam ve el mundo con una actitud negativa.

Definición de "Actitud"

La actitud es como un filtro mental a través del cual se experimenta el mundo. Algunas personas lo ven a través del filtro del optimismo (el vaso medio lleno), mientras que otras ven la vida a través de un filtro de pesimismo (el vaso medio vacío). Permítame darle algunos ejemplos que explican la diferencia entre una actitud positiva y una negativa.

La persona con una actitud negativa piensa: "YO NO PUEDO".

La persona con una actitud positiva piensa: "YO PUEDO".

La persona con una actitud negativa se concentra en los problemas.

La persona con una actitud positiva se concentra en las soluciones.

La persona con una actitud negativa se fija en las falencias de otros.

La persona con una actitud positiva busca lo bueno en los otros.

La persona con una actitud negativa se concentra en lo que hace falta.

La persona con una actitud positiva cuenta sus bendiciones.

La persona con una actitud negativa ve limitaciones.

La persona con una actitud positiva ve posibilidades.

Podría continuar con más ejemplos, pero estoy seguro que éstos son suficientes. Cuando hablo ante un auditorio con frecuencia utilizo analogías. Éstas ayudan a las personas a entender y luego a recordar lo que explico. Permítame utilizar una ahora: *Su actitud es su ventana al mundo.*

Todos nacemos con una ventana mental limpia

Dediquemos algunos minutos a considerar porqué digo que su actitud es su ventana al mundo. Todos venimos a este mundo con una buena actitud – más bien, debería decir, con una ventana mental limpia. Observe a los niños pequeños. Siempre están sonriendo y bromeando. Tienen una disposición alegre. Les encanta explorar nuevas cosas.

Considere la actitud de un niño que está aprendiendo a caminar. Cuando tropieza y cae, ¿qué hace? Le diré lo que no hace. No se enoja o culpa al tapete. Tampoco señala a sus padres enfadado por darle instrucciones repetitivas. Sencillamente no se da por vencido. ¡No! Sonríe, se levanta de nuevo y hace otro intento. Y otro intento. ¡Continúa haciéndolo así durante muchas semanas con una actitud positiva hasta que lo consigue! Su ventana está lustrosamente limpia y siente que puede conquistar el mundo.

> **Usted no siempre puede controlar las circunstancias. Pero usted puede controlar sus propios pensamientos.**
> **—Charles Popplestone**

No obstante, existen momentos en la vida en que nuestras ventanas empiezan a empañarse. Esto es lo que sucede:

Nuestras ventanas se salpican cuando recibimos críticas de parte de nuestros padres o de nuestros profesores.

Nuestras ventanas se manchan cuando nuestros condiscípulos nos ridiculizan.

Nuestras ventanas se empañan cuando somos rechazados.

Nuestras ventanas se ensucian cuando encaramos decepciones.

Nuestras ventanas se nublan cuando enfrentamos dudas.

El problema consiste en que la suciedad se sigue acumulando y un número considerable de personas no hacen nada al respec— to. Continúan andando por la vida con una ventana empañada. Pierden su entusiasmo. Se frustran y se deprimen. Y lo más triste es que se dan por vencidas en la búsqueda de sus sueños — todo ello porque no han sabido limpiar la ventana de la actitud.

Ése era el camino por el cual yo había estado andando. Yo tenía una ventana empañada cuando ejercía como abogado. Y mientras más permanecía en esa situación, más se empañaba mi ventana. No veía alternativas. "¿Cómo pudiera yo...?" Mi ventana estaba salpicada con el fango de la negatividad.

Limpie su ventana

Fue entonces, cuando, ¡aprendí que todo lo que tenía que hacer era limpiar mi ventana! Tenía que mejorar mi actitud para poder, de nuevo, ver el mundo de forma clara. Una vez que removí las manchas de mi ventana, se abrió un mundo nuevo ante mí. La frustración y la depresión se desvanecieron. Empecé a tener confianza. Por primera vez en muchos años pude ver las maravillosas posibilidades que la vida tenía para ofrecer.

Entonces estaba listo para hacer un cambio en mi carrera y hacer el trabajo que realmente amaba. Cuando lo pienso me doy cuenta de que estoy en la gratificante función de ayudar a la gente a limpiar sus ventanas — ¡la de alcanzar una actitud mejor!

Lo anterior seguramente esclarece mejor la definición: la actitud es la ventana al mundo. La actitud afecta directamente la forma como usted ve las cosas en la vida. Más importante aún, ¿ha empezado usted a ver áreas en las que su ventana necesita ser limpiada?

Usted es quien controla su actitud

Su trabajo será mantener su ventana limpia. Por supuesto, yo puedo darle algo de estímulo y otras personas pueden hacerlo también. Pero al final nadie más que usted podrá hacerlo.

También existe la otra opción. Uno puede dejar las manchas en su ventana y ver la vida a través de un vidrio empañado. Pero vendrán consecuencias por adoptar tal actitud. Y no serán muy agradables. Uno andará por la vida lleno de frustración e infelicidad y obtendrá muy poco en comparación con todo lo que se podría haber alcanzado.

Pero existe un camino mejor. Cuando uno decide tomar su caña limpiavidrios y limpia su ventana, inmediatamente su vida se torna más brillante y alegre y es más saludable y feliz. Uno establecerá metas ambiciosas... y empezará a alcanzarlas. ¡Los sueños cobrarán vida de nuevo!

¿Aún duda que usted pueda tener el poder de cambiar su actitud? Quizás usted esté pensando: "Jeff, decir eso es muy fácil para usted. Su actitud no sería la misma si usted tuviera mis problemas".

De acuerdo, puede que le hayan sucedido cosas realmente devastadoras. Es posible que haya aguantado mucho sufrimiento. Quizás esté atravesando tiempos difíciles ahora. Con todo, aún bajo las circunstancias más adversas continúo insistiendo en que usted tiene el poder de escoger su actitud. No estoy diciendo que hacerlo sea fácil. Pero la cuestión permanece, la decisión es suya.

Permítame comentarle acerca de un hombre muy calificado para hablar del tema de la actitud. Se trata del doctor Viktor Frankl; podríamos decir que él experimentó el infierno en la tierra – se las arregló, no solamente para sobrevivir, sino que inspiró a millones de personas. Verán, Viktor Frankl aguantó años de horror como prisionero en un campo de concentración Nazi.

Sumado a ello, el padre, la madre, los hermanos y la propia esposa de Viktor murieron en los campos de concentración o en las cámaras de gas. Día tras día, Frankl y otros prisioneros aguantaron hambre, frío y brutalidad. ¿Puede una persona controlar su actitud en una situación como esa? Esto

> No hay nada bueno o malo en sí mismo; el pensamiento es lo que lo determina.
> —William Shakespeare

> **Una persona feliz no lo es en un determinado marco de circunstancias; más bien es una persona que posee ciertas actitudes.**
> **—Hugh Downs**

fue lo que dijo el doctor Frankl acerca de la importancia de la actitud en su bestseller *El hombre en busca de significado*: "Al hombre puede privársele de todo, excepto de una cosa: la última de todas las libertades − escoger la actitud que adoptará en cualesquier tipo de circunstancias, escoger su propio camino. Aún cuando las más duras condiciones, como la falta de sue−ño, la alimentación insuficiente y el estrés mental puedan hacer suponer que los internos están obligados a reaccionar de ciertas maneras; en el examen final resulta claro que la clase de persona en la que se convierte un prisionero proviene de una decisión interna y personal, y no obedece al resultado de las influencias que existan en el campo".

Ahora bien, si el doctor Frankl y otros prisioneros tuvieron la habilidad de escoger sus actitudes frente a tal sufrimiento in−descriptible, ¿quiénes somos nosotros para decir que no podemos asumir el control de nuestras actitudes?

Como lo expresó Hugo Downs: "Una persona feliz no lo es en un determinado marco de circunstancias; más bien, es una persona que posee ciertas actitudes". Ésa es una declaración poderosa − y es del todo cierta.

Dicho francamente: usted, y solo usted, puede controlar su actitud.

La actitud y el éxito

Muy bien, digamos que usted limpia su ventana y desarrolla una actitud positiva. Se encuentra sonriente y puede tener pen−samientos positivos. ¿Hará eso que usted alcance la realización de sus sueños más anhelados? No, no lo hará. Hay todavía algo más que simplemente tener una gran actitud para alcanzar el éxito.

Para maximizar su potencial y alcanzar sus metas, usted necesitará aplicar ciertos principios relacionados con el éxito, que han ayudado a millones de personas a alcanzar resultados extraordinarios y que, por supuesto, pueden ayudarle a usted también.

En las siguientes once lecciones de este libro, le estaré presentando paso a paso estos principios. Usted aprenderá a enfrentar sus temores, a vencer la adversidad, a aprovechar el poder del compromiso y mucho, mucho más. Obtendrá la información y la inspiración que necesita para comenzar a vivir la vida que siempre ha deseado vivir.

Aún así, usted deberá estar preguntándose: ¿qué tienen que ver estos principios de éxito con la actitud?

En una sola palabra – ¡TODO! Por ello es que yo digo que la actitud lo es todo.

Si usted no tiene una actitud positiva, no podrá activar los otros principios. El éxito en la vida comienza y termina con su actitud.

Es sólo cuando se limpia la ventana de la actitud cuando los otros principios de éxito resplandecen a través de ella. Si su ventana se encuentra manchada, sólo una pequeña fracción de tales principios pueden relumbrar a través de ella. El éxito estará limitado y más aún, obstaculizado.

Sin embargo, cuando usted aprende a mantener su ventana de la actitud limpia, la luz entrará abundantemente a través de ella. Usted podrá utilizar estos principios para tener relaciones interpersonales más satisfactorias, incrementar su agudeza espiritual, ganar más dinero, y alcanzar su pleno potencial.

¡Cuando usted combine una actitud positiva con los otros principios del éxito, usted se volverá invencible!

LECCIÓN 2

USTED ES UN IMÁN HUMANO

"Sea que usted piense que puede
o que no puede, está en lo correcto".

—**Henry Ford**

¿Cuál es la clave para alcanzar el éxito? ¿Por qué sucede que algunas personas alcanzan el éxito mientras que otras no?

Earl Nightingale, el gran locutor, orador y escritor sobre el tema del éxito, abordó este tópico en su famoso mensaje grabado cuyo tema fue *"El secreto más extraño"*. En este programa, él resumió la clave del éxito en solo seis palabras. Por supuesto, él pasó a explicarlas con más detalle, no obstante, la base del secreto del éxito son sólo seis palabras.

¿Le gustaría saber cuáles son esas seis palabras, no es así? Bueno, antes de que le diga la clave del éxito déjeme decirle que le sorprenderá saber que estas mismas seis palabras también son la clave para el fracaso.

¿Está listo para saber la clave del éxito? Aquí está:

NOS CONVERTIMOS EN LO QUE PENSAMOS

A nivel interno, ¿tiene sentido esta frase para usted? En su investigación sobre el tema, Nightingale encontró que todos los grandes escritores, filósofos y líderes religiosos han concordado en que nuestros pensamientos determinan nuestras acciones. Considere las observaciones que algunos pensadores han hecho sobre este asunto.

Napoleón Hill dijo: *"Lo que la mente pueda concebir y creer, es lo que la mente puede alcanzar"*.

Ralph Waldo Emerson lo expresó de la siguiente manera: *"Un hombre es lo que piensa todo el día"*.

Robert Collier agregó: *"No hay nada en la tierra que usted no pueda tener – una vez haya aceptado la idea de que usted puede tenerla"*.

Y finalmente, están las palabras del renombrado Henry Ford, quien dijo: *"Sea que usted piense que puede o que no puede, está en lo correcto"*.

Cómo funciona el principio

Examinemos un poco más el concepto NOS CONVER – TIMOS EN LO QUE PENSAMOS. Así es como funciona:

Si usted piensa constantemente en una meta en particular, entonces dará pasos en esa dirección para alcanzarla. Digamos que alguien (a quien llamaremos Fred) piensa que es capaz de ganarse $30.000 dólares al año. Como imán humano Fred empezará a atraer esas oportunidades de empleo que lo conducirán en esa dirección. Mientras que él se adhiera a ese pensamiento, logrará su meta de ganarse $30.000 dólares al año.

Ahora bien, ¿qué sucede si Fred empieza a pensar: "Hombre, me gustaría ganar más dinero a fin de satisfacer las necesidades crecientes de mi familia. Quiero ganar $50.000". Aumentará el ingreso de Fred?

Depende. ¿Cuán fuerte es la creencia de Fred de que pueda ganar $50.000? Podría suceder que Fred desee ganarse $50.000, pero en realidad no cree que pueda alcanzar esa suma de dinero. Si ese fuera el caso, Fred nunca alcanzaría ingresos de $50.000. Si, por otra parte, Fred piensa continuamente en que puede tener un ingreso superior... y cree en su habilidad para alcanzar esa meta, él, de hecho, aumentará sus ingresos a $50.000.

> **Alimente su mente con grandes pensamientos.**
> —Benjamin Disraeli

Como es de esperarse, este concepto no se limita a asuntos de dinero. Suponga que usted está haciendo una vuelta de 95 en el campo de golf. Entonces, usted se concentra en bajarla a 85 y da un primer paso fundamental: pone toda su confianza en su habilidad para lograrlo. Como conse–

cuencia, usted se encamina hacia la forma de alcanzar la meta. Es posible que esto implique algunas clases, o tal vez más práctica. Si lo hace, puede estar seguro de que al final mejorará su desempeño y alcanzará su objetivo.

Que los pensamientos dominantes le dirijan cada día

La idea de que nos convertimos en lo que pensamos también ha sido expresada por la Ley del pensamiento dominante. Ésta afirma que existe un poder dentro de cada uno de nosotros que nos conduce en la dirección de nuestros pensamientos corrientes dominantes.

La palabra clave aquí es DOMINANTE. Usted no puede esperar resultados positivos si dedica diez segundos al día a pensar de forma positiva para luego transcurrir las 16 horas restantes reflexionando en resultados negativos.

Aquí subyace lo fundamental. Tal como el guardar sólo un poco la dieta no produce mayores efectos, el tener *sólo unos cuantos* pensamientos positivos no conlleva a resultados positivos. Sería como intentar perder peso tomando un desayuno saludable, bajo en calorías, para luego andar consumiendo porciones de helado y pastel el resto del día. Esto también es cierto con el ejercicio, no se puede hacer sólo un poco de ejercicio UNA VEZ a la semana y esperar estar en excelente estado físico.

Vea el asunto de pensar positivo de la misma forma. *Sólo un poquito no es suficiente para alcanzar la meta*. Al contrario, usted deberá tomar el control de su actividad mental y pensar positi-vamente de forma cabal cada día hasta que ello se convierta en un hábito. Recuérdelo, tendrá que convertirse en su patrón de pensamientos dominante.

Considere por un momento sus pensamientos dominantes en los principales ámbitos de su vida, ¿lo están impulsando hacia delante o lo están reteniendo?

Los ajustes en mi actitud conducen al logro de metas

Permítame compartir un caso personal para ilustrar la fuerza de nuestros pensamientos. En los años 70 y a principios de los 80 del siglo pasado, observaba que mucha gente de mi localidad (Long Island, Nueva York) estaba obteniendo bastante dinero al comprar casas para luego arrendarlas. Las casas se valorizaban considerablemente cada año. Efectivamente, surgían los problemas comunes de tratar con los arrendatarios, sin embargo, las ganancias que estos inversionistas obtenían eran sorprendentes.

En aquel tiempo yo pensaba que debería empezar a comprar algunas casas como inversión. Pese a ello, nunca emprendí ninguna acción porque a veces me entraba la duda. En mi pensamiento predominaban ideas de que las cosas podrían salir mal. Dicho sencillamente, tenía una pésima actitud. Y con tal actitud, ¿sorprende el hecho de que no diera el primer paso?

Ellos pueden porque piensan que pueden.
—Virgil

Sin embargo, luego de que empecé a leer libros y a escuchar casetes sobre el poder de la actitud y el poder de creer, decidí cambiar mi actitud en el tema de la inversión en finca raíz. En el verano de 1986, decidí que antes de que finalizara aquel año compraría dos casas como inversión. Desde aquel momento no iba a permitir que ningún pensamiento negativo cambiara mi decisión.

Durante seis meses enfoqué mi atención en una cosa — tener dos casas como inversión. Muchas veces lo escribí y cada día me refería con frecuencia a aquellos escritos. Yo creía, desde lo más profundo de mí ser que conseguiría dos casas antes de que finalizara el año. En las noches y durante los fines de semana, visitaba agencias inmobiliarias para ver casas. Visité unas cien casas e investigué sobre cientos de otras.

En el otoño de 1986, compré una propiedad como inversión. ¡Qué gran sentimiento de logro! — Hacer algo que no me permití hacer antes. Sin embargo, todavía tenía trabajo por hacer. Por ello, el 29 de diciembre, justo dos días antes de que terminara aquel año, alcancé mi meta y compré la segunda casa.

Cuando pienso retrospectivamente en por qué pude comprar las propiedades en 1986, mientras que "no lo pude hacer" años atrás, la respuesta es clara. En 1986, yo creí que podía hacerlo. Tenía una actitud positiva inamovible que me condujo a alcanzar mi meta.

La experiencia anterior fue inmensamente valiosa para mí, fue maravillosa porque me enseñó que uno puede alcanzar sus metas cuando cree en sí mismo y mantiene sus pensamientos centrados en lo positivo.

Actitud versus acción

Hasta ahora he estado hablando bastante sobre el pensamiento y quizás usted se esté preguntando, ¿dónde encaja la acción en todo este proceso? Es cierto, no se consiguen resultados si no hay acción. Pero recordemos que el pensamiento precede a la acción. En la experiencia citada antes, yo sabía cuáles eran los pasos que se necesitaban para hacer las inversiones – contactar agentes de finca raíz, visitar propiedades, revisar el periódico y así por el estilo. Pero nunca di el primer paso porque para ese tiempo mi actitud era negativa. Pero en el momento en que cambié mi actitud, me sentí impulsado a actuar... ¡y nada iba a detenerme!

De allí que el pensamiento positivo sea el punto de partida para alcanzar cualquier meta. Cuando su pensamiento dominante sea que usted puede alcanzar su meta, usted empezará a emprender las acciones necesarias para ir en esa dirección.

Sus circunstancias actuales reflejan en qué ha estado pensando

Considere esto: sus creencias lo han conducido hasta donde usted se encuentra hoy, y la forma como piensa ahora lo llevará desde donde está hacia el futuro.

De hecho, los resultados que usted tiene ahora en *cada* área de su vida reflejan sus pensamientos más profundos. Piense en el factor económico. ¿Cuáles son sus creencias en esta área? ¿Está pensando constantemente en que no tiene dinero suficiente? Piense en ello constantemente (la falta de dinero) y así bloqueará el flujo de dinero hacia usted.

> **Lo que creemos respecto a nosotros mismos se hace realidad.**
> **—Orison Swett Marden**

También está el aspecto de las relaciones. Si piensa que no merece mucho, atraerá amigos y compañeros que no le tratarán muy bien. Le apuesto a que usted conoce a alguna persona que siempre parece estar saliendo con la persona "equivocada". De hecho, las últimas 29 personas con las que ha salido no eran la persona indicada. ¿Cree que esto sea simple casualidad? Por supuesto que no. Hay alguna creencia muy fuerte dentro de aquella persona que atrae a ese tipo de individuos a su vida.

Sea que estemos hablando de asuntos económicos, de relaciones interpersonales, o de carreras, subyace el mismo asunto fundamental: *Si sus pensamientos no cambian, sus resultados tampoco cambiarán.*

Cambie su forma de pensar

Afortunadamente, le tengo buenas noticias. ¡Usted PUEDE cambiar sus pensamientos, y por ende sus resultados! Le explicaré cómo. Para los nuevos en esta materia empezaré por decirles lo siguiente: Hágase consciente de lo que se dice a si mismo cada día. Todos nosotros tenemos una voz interna con la que nos hablamos a nosotros mismos. Sin embargo, con mucha frecuencia sucede que lo que nos decimos es negativo, crítico o restrictivo. Puede ocurrir que usted se sorprenda pensando de la siguiente manera, "no puedo hacerlo" o, "siempre me equivoco". Este tipo de pensamientos obran en contra suya. Al contrario, repítase a si mismo que usted puede y que alcanzará su meta.

Como lo consideraremos más plenamente en la Parte 2 de este libro, es muy importante también hacernos conscientes de las palabras que utilizamos regularmente. Por ejemplo, ¿se suele menospreciar usted o suele hablar de las cosas que nunca va a alcanzar o adquirir? Recuerde, su mente escucha todas las palabras que usted dice, y como un imán, usted atraerá los eventos y las circunstancias que prevalezcan en sus pensamientos dominantes. Así que asegúrese de utilizar palabras positivas sobre usted y sobre las metas que se propone alcanzar.

La repetición es la clave

He aquí otras dos opciones que le ayudarán a ser más positivo y a obtener los resultados que desee.

> **Nadie alcanzará el éxito más allá de sus expectativas más audaces a menos que tenga expectativas audaces.**
> —Ralph Charell

PASO 1. Cada día, lea algo de literatura positiva, animadora. Hágalo durante 15 ó 30 minutos en la mañana. También es bueno tener ese tipo de lecturas antes de ir a dormir. Literalmente existen miles de libros y artículos sobre motivación de los que se puede escoger. Lea algo que sea significativo para usted. También incluya biografías. En las secciones de psicología y autoayuda de su librería favorita encontrará una amplia selección de libros sobre el éxito en los que podrá consultar valiosa información.

PASO 2. Escuche programas de audio sobre motivación, todos los días. Usted podrá hallar tiempo para escucharlos en su automóvil, mientras va al trabajo, en su hogar o al practicar su rutina de ejercicio. La clave está en la repetición. Cuando escucha esos mensajes una y otra vez, su contenido llega a ser parte suya. Usted empieza a ponerlos en práctica para mejorar su vida y estos empiezan a moldear su forma de pensar respecto a su actitud y a impartir principios rectores sobre una base diaria. Por supuesto, tales programas de audio no son un sustituto para la ACCIÓN. Le corresponderá a usted poner todas esas ideas a funcionar.

De modo que usted logrará una gran diferencia en su vida si diariamente lee información positiva y escucha programas de audio sobre motivación. Puedo decirle desde mi experiencia personal que estas técnicas funcionan si tiene la disciplina de seguirlas.

La lección que he aprendido es esta: ¡Cambie su forma de pensar y cambie su vida! Usted *llegará a ser* lo que piense.

No espere el éxito de la noche a la mañana

Antes de terminar esta sección, me gustaría aclarar algunas cosas respecto al pensamiento positivo y al poder de nuestros pensamientos. En primer lugar, el pensamiento positivo no implica que usted alcance sus metas de la noche a la mañana. Nunca sucederá que uno empiece a pensar en que va a tener más dinero y entonces al día siguiente aparece un fajo de billetes al lado de la cama. ¡Imposible! Para alcanzar el éxito se requiere esfuerzo, compromiso y paciencia.

En segundo lugar, pensar positivamente no implica que no tendrá problemas. Puede estar seguro de que tendrá dificultades a lo largo del camino. No obstante, si continúa creyendo en usted mismo, emprende la acción y persiste en ello, vencerá los obstáculos.

Recuerde, usted se dirige constantemente en la dirección de sus pensamientos dominantes. Todo lo que alcance en la vida fluye de sus pensamientos y creencias. Los pensamientos negativos originan resultados negativos. Los pensamientos positivos producen resultados positivos. Mantenga su ventana de la actitud limpia y brillante, de modo que los pensamientos positivos resplandezcan a través de ella.

Sencillamente no tiene sentido abrigar pensamientos negativos... a menos que usted quiera obtener resultados negativos. Pero yo sé que no desea que eso suceda.

Así que, desde este momento en adelante, ¡escoja sus pensamientos cuidadosamente y utilice este poderoso principio para alcanzar resultados sorprendentes en su vida!

LECCIÓN 3

IMAGINE SU CAMINO HACIA EL ÉXITO

"Antes de que usted pueda realizar algo,
primero deberá visualizarlo en su mente".
—**Alex Morrison**

En una entrevista para la televisión, le preguntaron a la cantante Celine Dion, si alguna vez, al inicio de su carrera, había imaginado que algún día vendería millones de discos y que daría la vuelta al mundo, cantando frente a decenas de miles de personas cada semana. La cantante contestó que nada de ello la había sorprendido, ya que ella lo había imaginado todo desde que tenía cinco años de edad.

Celine Dion no estaba alardeando, ya que trabajó extraordinariamente duro para alcanzar cada palmo de su éxito. Desde muy joven desarrolló la habilidad de proyectar la imagen vívida y poderosa de la estrella en la cual quería convertirse.

Los atletas de talla mundial también incorporan el poder de la imaginación para grabar en su mente el desempeño que quieren alcanzar. Trátese de un patinador sobre el hielo que realiza un salto especial, un tenista profesional venciendo a su oponente con un servicio perfecto, o un golfista conduciendo la bola directo hacia el hoyo… todos ellos han imaginado un resultado exitoso antes de alcanzarlo en el mundo "real".

La visualización no es algo reservado únicamente para cantantes, atletas o estrellas de cine. De hecho, es algo que usted ha utilizado desde la infancia para crear las circunstancias de su propia vida.

Permítame explicarle lo que quiero decir. Con frecuencia se ha descrito la visualización como "una película mental", "fotos internas", o "imágenes". Todos nosotros guardamos fotos en nuestra mente acerca del tipo de relaciones que merecemos, el nivel de éxito que alcanzaremos en el trabajo, el grado de liderazgo que ejerceremos, la cantidad de dinero que queremos ganar y acumular, y así por el estilo.

Películas mentales desde la infancia

¿De dónde provienen todas esas imágenes? Bueno, comen—zamos por desarrollar nuestra "película mental" temprano en la vida. Si se nos criticaba cuando éramos apenas unos jovencitos, grabamos tales sucesos (y las emociones ligadas a ellos) como imágenes en nuestra mente. Luego, cuando repasamos aquellas imágenes en nuestra mente (tanto consciente como incons—cientemente), tendemos a recrear en la vida, situaciones que se asemejen a la imagen original. Por ejemplo, piense en alguien que recuerde vívidamente la ima—gen de haber sido criticado por un profesor en la escuela primaria. Se sintió avergonzado frente a toda la clase. Más adelante, cuando se sin—tió tentado a expresar su opinión en la escuela o frente a un grupo de personas empezó a retraerse y a paralizarse mientras recordaba (quizás sólo a nivel subcons—ciente) cuán dolorosa fue aquella ocasión. La imagen se grabó en su mente y resultó ejerciendo una influencia poderosa en sus acciones posteriores.

> **La imaginación es más importante que el conocimiento.**
> **—Albert Einstein**

Infortunadamente, muchos de nosotros no hemos actualiza—do o revisado nuestras películas de la infancia, de modo que en la actualidad continuamos produciendo resultados que limitan nuestro pleno potencial. A continuación se explican algunas técnicas que se valen del poder de la visualización para mejorar potencialmente todos los aspectos de la vida.

Responsabilícese de sus propias películas

No todas las películas mentales pueden rastrearse hasta la niñez. Usted se halla constantemente produciendo sus propias películas mentales basándose en sus relaciones interpersonales, experiencias profesionales y otros sucesos. No importa de qué fuente provengan sus imágenes mentales; hay un asunto que quiero concretar: Usted —y sólo usted— es quien controla sus propias películas.

Intentemos hacer un pequeño experimento. Piense en un cono de helado con su sabor de crema favorito. ¿Se hace en su mente una imagen mental del helado? De seguro que ya aparece allí. Muy bien, ahora piense en un elefante. ¿Lo puede ver? Cambie el color del elefante a rosado. En una fracción de segundo su mente formó la imagen del elefante rosado. ¿Puede traer de nuevo la imagen del helado? Por supuesto que sí.

¿Ahora comprende lo que quiero decir? Usted tiene el control de las imágenes que aparecen en su mente. Sin embargo, cuando no decide conscientemente cuáles imágenes poner, su mente pondrá las que aparecen en el "archivo" y continuará pasando películas anteriores almacenadas en su biblioteca mental.

Cambie el significado de su vieja película

No resulta de ninguna ayuda negar lo que sucedió en alguna experiencia pasada, no importa cuán dolorosa o difícil haya sido. La persona del ejemplo anterior, no podrá cambiar el hecho de que recibió críticas por parte del profesor. Sin embargo, sí podrá alterar la interpretación de aquel suceso.

Es posible que al momento en que recibió las críticas, le haya asignado a esa experiencia el significado "No soy suficientemente bueno" o "Mis opiniones no valen la pena". Tal interpretación de un niño, puede trascender inadvertidamente a la vida adulta. Sin embargo, en la actualidad, el sujeto del ejemplo, puede escoger de forma consciente, ver la situación de forma diferente.

Por ejemplo, puede que el profesor haya discrepado con el individuo, pero lo más probable es que tal discrepancia no tenía que ver con su inteligencia ni con su valía general como persona.

Cree nuevas películas

Se pueden crear nuevas películas mentales cada vez que uno se decida a hacerlo. Y cuando desarrollamos nuevas películas (y nos concentramos en hacerlo) se desencadenan sentimientos y sensaciones poderosas. Actuamos de forma tal que respaldamos los nuevos *filmes*. De modo que, el primer paso es imaginar una película con el final deseado. Usted estará limitado únicamente por su imaginación.

Como usted bien lo sabe, a la mayoría de las personas les aterra la idea de hablar en público. Las encuestas revelan que es el temor número uno de la gente, después del temor a morir. Así que, cuando se le pide a la gente que considere la posibilidad de dar un discurso, ¿qué tipo de películas cree usted que pasan por su mente? Se ven a sí mismos nerviosos, de pie frente a un auditorio, quizás teniendo problemas tratando de recordar lo que se proponen decir. Si ese fuera su caso, pase esas películas mentales una y otra vez por su mente y puede estar seguro de que no tendrá mucho futuro como orador.

En cambio, hágase una película mental en la cual usted está haciendo una presentación exitosa. Los miembros de la concurrencia le están escuchando atentamente cada palabra que dice. Usted se ve impactante. Su discurso fluye armoniosamente. Usted está contando una historia graciosa y la audiencia está sonriendo. Al final usted recibe un caluroso y nutrido aplauso. Los asistentes le abordan después para felicitarlo. ¿Comprende cómo esta clase de películas mentales le ayudan a ser un mejor orador?

Tenga en mente, sin embargo, que tales películas mentales no se hacen realidad de un momento a otro. No obstante, si es paciente, y persiste en concentrarse en ellas, automáticamente usted estará actuando de forma tal que respalde esa visión.

Imagínese alcanzando el éxito en las ventas

> **Usted tiene el control de las imágenes que pasan por su mente.**
> —Jeff Keller

Si usted participa en la venta de algún producto o servicio, es vital que se vea a sí mismo, de forma consistente, logrando el éxito. Si no está alcanzando los resultados que desea, no hay duda de que usted se está aferrando a películas de ventas deficientes, opuestas al éxito en las ventas.

Piense en su próxima reunión con un posible cliente. ¿Cómo visualiza usted el encuentro en su mente? ¿Se visualiza confiado y persuasivo? ¿Se ve explicando con entusiasmo los beneficios de lo que ofrece? ¿Aparece el cliente receptivo e interesado en lo que usted está diciendo? ¿Puede usted visualizar de forma vívida el resultado exitoso de la reunión?

Recuerde, usted es el productor, el director, el guionista, el coordinador de luces, el diseñador de vestuario y el director de reparto de sus películas mentales. ¡Usted elige el final de éstas! Al ensayar mentalmente y prever cierres exitosos, usted estará poniendo el fundamento para el éxito en su carrera en las ventas.

Ahora bien, si usted en la actualidad pasa películas por su mente donde el posible cliente rechaza sus ideas y no muestra interés por la presentación, usted obtendrá muy pocos resultados. Atraerá a aquellas personas y a aquellas situaciones, que armonicen con aquellas películas negativas.

Relájese e involucre sus sentidos

¿Cuál es el mejor método para concentrarse en las nuevas películas? Se ha demostrado que la mente es más receptiva a la visualización cuando usted está en calma y no está pensando en muchas cosas a la vez. Así que siéntese en una silla cómoda de su casa, cierre los ojos y respire profundamente para despejar su mente y relajar su cuerpo. Ahora, proyecte películas mentales en las que involucre tantos sentidos como pueda. Mientras más cosas vea, escuche, huela, deguste y toque en sus películas, más poderoso será el impulso que hará realidad su visión.

He aquí un ejemplo: supongamos que usted siempre ha soñado con tener una casa frente a la playa del mar Caribe. Imagine los colores blanco y pera en la casa, vea cómo las palmeras se balancean con la suave brisa. Perciba el olor a sal del mar. Sienta la arena tibia en los dedos de sus pies. Reciba el abrazo tibio del sol. *¿No es esto un paraíso?*

> **La visión es el arte de ver cosas que son invisibles para otros.**
> **—Jonathan Swift**

Y todo esto puede ser suyo si se adhiere a su meta y da los pasos necesarios para alcanzarla. También recuerde que si aquellas imágenes están asociadas con *emociones* intensas, adquirirán mayor fortaleza. Así que, asegúrese de vincular sentimientos positivos a su visión. Por ejemplo, cuando esté visualizando su trabajo ideal, combine la proyección mental y los sentidos físicos con el inmenso orgullo y satisfacción de alcanzar esa nueva posición.

Por otra parte, no se preocupe con la calidad de las imágenes de su película. Algunas personas pueden visualizar películas con todos los detalles mientras que otras sólo proyectan imágenes sencillas. Es posible que usted al principio sólo pueda asociar un sentimiento en particular a la realización de su película.

En cualquier caso, no se preocupe por eso. Haga lo mejor posible y no se compare con otros. Su producción se afinará con el tiempo. *La clave está en pasar varios minutos al día proyectando la película deseada en su mente.* Escriba un cheque a su favor

Resulta imprescindible formularse imágenes sobre los resultados exitosos, y repasarlas continuamente en la mente. No obstante, existe otra técnica que usted puede utilizar para anticipar su éxito. Usted puede crear ayudas visuales para alcanzar la meta deseada.

En 1990, cuando todavía no era muy conocido, el comediante Jim Carrey escribió un cheque a su favor por 10 millones de dólares, "por los servicios prestados". El cheque fue programado para cobrarse el día de acción de gracias de 1995. Como más tarde lo explicó Carrey, no era un asunto de dinero. Él sabía que si iba a estar ganando tanto era porque iba a estar trabajando con las personas más profesionales y en los mejores medios.

Carrey ganó unos $800.000 dólares por su trabajo en Ace Ventura y La máscara. Después, más adelante en 1994, ganó siete millones de dólares por su papel en *Dumb and Dumber*. En 1995, ganó otros millones más y ahora recibe 20 millones de dólares por película.

El cheque "post—fechado" de Jim Carrey es un gran ejemplo del poder de la mente subconsciente para alcanzar una meta que se atesora con convicción y sentimiento. Cuando usted piensa en su meta y se forma imágenes mentales de ella, construye un camino para alcanzarla. Sin embargo, cuando usted utiliza una representación tangible de su meta (como el ejemplo del cheque), sus posibilidades de alcanzar el éxito son aún mayores.

Ahora bien, no estoy citando este ejemplo simplemente porque sea una historia interesante de Jim Carrey! ¡Esta mismísima técnica puede funcionar con usted!

¿Por qué no hacer ahora mismo un cheque y post—fecharlo a unos tres o cinco años más adelante, por una cantidad de dinero que represente "los servicios prestados"? Asegúrese de ver el cheque al menos una vez al día... y avance hacia el cumplimiento de esa meta.

Consiga el trabajo que desea

Usted puede utilizar provechosamente los recordatorios visuales de varias maneras —no se limite a cheques. A continuación presento un ejemplo que implica a un amigo mío a quien llamaremos Robert Jones. Robert recibió la postulación por parte de su partido para recibir una judicatura en las elecciones.

Aunque Robert tenía una excelente oportunidad de ganar las elecciones (y alcanzar su sueño de convertirse en juez), todavía estaba nervioso... y algunas dudas venían a su mente. Le sugerí a Robert que hiciera un letrero que dijera JUEZ ROBERT JO—NES y que lo pusiera donde lo pudiera ver todos los días (por

> **Si puede soñarlo, podrá hacerlo.**
> **—Walt Disney**

ejemplo, sobre la mesa de noche o en el espejo del baño). También le recomendé que escribiera esas palabras en una tarjeta que pudiera llevar en su billetera.

Al ver esas palabras durante el día, Robert acondiciona su mente para verse a sí mismo como un juez. Empieza a visualizarse llevando la túnica negra. Imagina cómo se levantan todos en la corte cuando él hace su llegada. A medida que tales imágenes se hagan más y más fuertes, Robert emprenderá las acciones que le ayudarán a hacer esa imagen una realidad. Promoverá mejor su campaña y se asegurará de que su partido está haciendo todo lo posible para persuadir a los votantes el día de la elección.

Así, mientras que Robert pudo haberse formado imágenes mentales sin la ayuda del letrero, ¡añade mucho más impacto la ayuda visual! El letrero es un recordatorio para que Robert piense que es un juez... y por ende, le ayudará a proyectar imágenes exitosas acerca de ello en su mente.

Por supuesto, no existen garantías de que esto funcione para Robert – o que siempre funcionará con usted. Pero esté seguro de que una vez lo haga, se convertirá en una poderosísima herramienta para ayudarle a obtener lo que desee.

¿Tiene usted el sueño de alcanzar alguna posición laboral? ¿Gerente de ventas... supervisor... abogado... dueño de su propio negocio? Sin importar cuál sea su meta cree una ayuda visual y su mente trabajará y buscará maneras de hacer realidad esa meta.

Funciona en ambas direcciones

Tenga mucho cuidado cuando utilice ayudas visuales. Algunas personas utilizan ayudas negativas – y con consecuencias muy negativas. Los adhesivos en los parachoques de los automóviles son un ejemplo elocuente.

Mientras iba en mi automóvil hace algunos años, observé una señal en el parachoques de un auto que decía: "Debo y debo dinero, por eso trabajar debo". En los últimos años he visto este mismo adhesivo en muchos parachoques. Es muy popular, ¿simplemente es una rima graciosa? ¿Inocente?

¡FALSO! No hay nada divertido o inocente en este mensaje. ¡Cuando alguien pone un mensaje como ese en su automóvil está programando su mente para vivir endeudado!

Piense en alguien que pone ese adhesivo en su automóvil. La llamaremos Alicia. Todas las mañanas, Alicia recibe el día con las palabras "Debo y debo dinero". Cuando termina su trabajo regresa a su auto y de nuevo ve las palabras "Debo y debo dinero". Ese mensaje se introduce en su mente subconsciente. Ella sin duda, se proyectará una imagen mental asociada con la idea de estar en deuda. Y como lo consideramos en la Lección 2, Alicia atraerá lo que ella piensa de forma predominante. En este caso, ella atraerá deudas y más deudas.

Si usted le preguntara a Alicia por qué nunca tiene suficiente dinero, ella probablemente diría que ha sido mala suerte. La verdad es que ella no se ha detenido a pensar en lo que está pasando en su mente. El "inocente" lema en su parachoques de hoy se está convirtiendo en su realidad del mañana.

Alicia es un ejemplo perfecto de alguien que está arrojando más suciedad a la ventana de la actitud ya empañada. Si la actitud lo es todo, entonces la actitud predominante de Alicia es "Soy una deudora". Y, con una actitud como esa, ¿qué cree usted que vendrá en su futuro? ¿Prosperidad... o más deudas?

Usted y yo sabemos la respuesta a esa pregunta.

Luces... Cámara... Acción

He aquí algunas sugerencias para crear y luego beneficiarnos de nuestras propias películas mentales. Recuérdelo, si usted no toma el control y desarrolla sus propias películas, continuará proyectando las viejas grabaciones. Si sus películas antiguas le están sirviendo, ¡genial! Pero si, por el contrario, le están haciendo retraerse en algún sentido, ¡comience hoy y utilice el increíble poder de su mente para construir su propio camino al éxito!

LECCIÓN 4

CONSTITUYA UN COMPROMISO... Y MUEVA MONTAÑAS

> "¿Qué es esta fuerza? No lo sé decir; todo lo que sé es que existe y que está disponible sólo cuando un hombre se encuentra en ese estado mental en el cual sabe exactamente lo que quiere y está completamente determinado a no rendirse hasta que lo consigue".
> —**Alexander Graham Bell**

Hace mucho tiempo yo pensaba que entendía lo que significaban el compromiso y la persistencia. Trabajar duro. Hacer muchos intentos. Sin embargo, no había entendido el verdadero significado de esos conceptos hasta que leí un libro pequeño titulado *El secreto fundamental para obtener absolutamente todo lo que usted desee*, escrito por Mike Hernacki.

El compromiso es la esencia del libro *El secreto final*. De acuerdo con el autor, la clave para conseguir lo que usted desee es "estar dispuesto a hacer lo que sea" para alcanzar un objetivo. Ahora bien, antes de que su mente empiece a sacar conclusiones, déjeme agregar que al decir "hacer lo que sea" excluyo todas aquellas acciones que sean ilegales, faltas de ética o que causen daño a las personas.

Entonces, ¿qué es exactamente "estar dispuesto"? Bueno, consiste en una actitud que dice lo siguiente:

Si alcanzar mi meta implica dar 5 pasos, daré esos cinco pasos;
Si alcanzar mi meta implica dar 55 pasos, daré esos 55 pasos;
Si alcanzar mi meta implica dar 155 pasos, daré esos 155 pasos.

Por supuesto, al final usted normalmente no sabe exacta—mente cuantos pasos serán necesarios para alcanzar su meta. Eso realmente no importa. Para alcanzar el éxito, todo lo que es necesario es que usted tenga un compromiso de hacer lo que sea necesario, sin importar el número de pasos que ello implique.

¿Dónde encaja la persistencia en esto? La acción persistente sigue al compromiso —es decir, primero se está comprometido a algo antes de que se persista en alcanzarlo. Una vez usted se haya comprometido en alcanzar su meta, entonces tendrá la determinación implacable para alcanzar el resultado deseado.

La "magia" del compromiso

Cuando usted establece un compromiso y está dispuesto a hacer lo que sea, usted empieza a atraer a las personas y a las circunstancias necesarias para cumplirlo. Por ejemplo, una vez que usted se resuelve a llegar a ser, digamos, un autor exitoso, es posible que usted "conozca" a un agente literario o "descubra" que hay un programa de televisión que suministra guía sobre este mismísimo tema.

No es que tales recursos no hubieran existido antes. El asun—to es que su mente nunca se detuvo a buscarlos. Pero una vez que uno se compromete en un proyecto, se crea una película mental sobre lo que sería alcanzarlo. Entonces, la mente se pone inmediatamente a trabajar, como un imán, atrayendo eventos y circunstancias que le ayudarán a hacer realidad esa meta. Ade—más, es importante comprender que este no es un proceso que suceda de la noche a la mañana; usted deberá estar en guardia y aprovechar las oportunidades cuando éstas aparezcan.

La magia que emana del compromiso nunca ha sido más elocuente ni completamente descrita que con las siguientes palabras de W. H. Murray:

"Hasta cuando uno se compromete hay vacilación y la oportunidad de retirarse; siempre sin resultados. Respecto a todos los actos de iniciativa (y de creación) existe una verdad elemental; en el momento en el que uno se compromete de forma definitiva, el destino también lo hace.

Todas las cosas ocurren para ayudar a desencadenar un suceso que de otra forma nunca hubiera ocurrido. Una cascada de eventos surgen de la decisión, generando a favor de uno toda clase de incidentes imprevistos así como asistencias, y materiales necesarios; los cuales, ningún hombre hubiera acariciado que ocurrirían".

Las puertas se abrirán

Aquí se explica otro resultado milagroso del poder del compromiso. Usted no necesitará saber al final cómo alcanzar su meta. Cierto, es mejor si usted tiene un plan de ataque, pero no será esencial que cada paso haya sido planeado de antemano.

De hecho, cuando usted tiene la disposición de hacer lo que sea necesario, para lograr su objetivo, los pasos "correctos" le serán revelados instantáneamente. Usted conocerá gente que nunca planeó conocer. Las puertas se abrirán de forma inexplicable. Parecerá como si la suerte o la fortuna le estuvieran sonriendo; en verdad, usted es quién habrá creado aquellos eventos positivos al haber hecho el compromiso, y por ende, haber ordenado a su mente que los buscara.

A continuación presento un ejemplo de cómo una puerta se abrió ante mí de una forma inex— plicable. En 1989, empecé a escribir artículos sobre temas de motivación. Yo había aprendido acerca del po— der de la actitud positiva y de otros principios esenciales para el éxito y me había comprometido a com— partir esta información con otros

> **El esfuerzo entrega su recompensa plena sólo hasta cuando la persona rehúsa a darse por vencida.**
> **—Napoleón Hill**

que también pudieran beneficiarse de ella. Pero no tenía idea de por dónde comenzar. ¿Envío mis artículos a los periódicos? ¿Los remito a las revistas? ¿Escribo mi propio libro?

Lo primero que hice fue remitir un artículo a la sección de un periódico local dirigido a temas de entrenamiento y recursos humanos. El artículo fue impreso en el verano de 1990. Unos meses más tarde, recibí una llamada de un hombre llamado Stuart Kamen, un escritor independiente que tenía relación con el negocio de producir periódicos. Stuart dijo que había visto mi artículo mientras visitaba a su mejor amigo, quién estaba muy impresionado con el escrito.

Stuart me preguntó: "¿Alguna vez ha pensado en escribir un boletín?" Francamente, yo nunca había pensado en ello. Concertamos una reunión y Stuart explicó que había la posibilidad de producir un boletín que hiciera disponibles estos conceptos de autoayuda a miles de personas.

Cerca de un mes más tarde, se publicó el primer número del boletín *La actitud lo es todo* y se ha continuado publicando por ya casi 20 años —¡y ha llegado a miles de personas con su información transformadora!

¿Cómo sucedió todo esto? Yo *me comprometí* para compartir estos principios con otros. Tuve una actitud positiva. Empecé a escribir y entonces, Stuart Kamen, un completo desconocido entró en mi vida —alguien que sabía precisamente cómo convertir mi sueño en realidad.

¡Ah, el compromiso mágico!

Una palabra de advertencia

Antes de que se entusiasme demasiado y empiece a establecer metas quiero prevenirle de lo siguiente: Aún cuando hayamos constituido un compromiso, eso no significa que todo en nuestro camino irá a ser color de rosa. La vida le pondrá a prueba para ver cuán decidido está usted a alcanzar su objetivo. Se presentarán obstáculos. Es probable que usted cometa errores y sufra desilusiones, algunas de las cuales podrán ser tan rígidas que podrían tentarle a abandonar la meta.

Ahí es cuando llega a ser muy importante tener en mente lo que dijo Winston Churchill: *"Nunca,*

> **Con talento ordinario y perseverancia extraordinaria, todas las cosas son posibles.**
> **—Sir Thomas Buxton**

nunca, nunca se dé por vencido". O también recordar el consejo que dio James J. Corbett: *"Usted logra ser campeón cuando pelea un round más".*

Si usted ha constituido un compromiso para alcanzar sus metas, podrá vencer derrotas pasajeras... *¡así triunfará!*

El compromiso recompensa a un novelista aficionado

Hace algunos años, la revista *American Way* publicó una entrevista con el novelista David Baldacci. Baldacci es el autor de una gran cantidad de novelas exitosas como *El poder absoluto*, y *El control total del ganador*. Se han vendido millones de copias de sus libros. Déjeme decirle, sin embargo, que el éxito

> **Una persona con sentido de compromiso vale más que 100 que sólo demuestran interés.**
> **—Mary Crowley**

de Baldacci no ocurrió de un momento a otro. Sus logros y éxitos comerciales fueron el resultado del compromiso total que tuvo para desarrollar sus talentos como escritor. Como también sucedió en mi caso, Baldacci tuvo sus primeros inicios como abogado. Para el tiempo en que comenzó en la escuela de leyes, en 1983, no tenía ninguna intención de volverse un novelista afamado. Sencillamente disfrutaba escribiendo.

Al principio, Baldacci sabía que no tenía las habilidades necesarias para escribir. Así que hizo el compromiso (según explicó más tarde) de aprender el arte de escribir. Durante los primeros cinco años, no terminó ninguno de sus proyectos. Todos los días trabajaba en los personajes, el argumento de la obra y otros asuntos básicos.

En aquel tiempo, Baldacci era un abogado en ejercicio, tenía a su esposa y dos hijos, ¿cuándo sacaba el tiempo para escribir? Lo hacía en las noches entre 10:00 p.m. y 2:00 a.m. ¡Eso es tener compromiso para lograr lo que uno se propone! Más tarde Baldacci señaló que le deleitaba escribir; aquello no lo hacía por obligación. A propósito, no estoy sugiriendo que usted deba permanecer despierto en la noche para alcanzar su meta, ese turno de 10:00 p.m. a 2:00 a.m. ciertamente no hubiera funcionado conmigo.

Luego de diez años de estar escribiendo, Baldacci completó algunas historietas y unos cuantos guiones. ¿Sus ventas? NIN—GUNA. Todo lo que tenía para mostrar como resultado de sus esfuerzos eran las cartas de negativas por parte de los editores.

Pese a ello, en 1996, ¡los esfuerzos de Baldacci trajeron re—compensas! Recibió millones de dólares por la obra de suspenso *Poder absoluto* y por los derechos para llevarla al cine. La estrella de la película fue Clint Eastwood.

Lo anterior, demuestra el poder de una persona que se compromete.

Rehusó a darse por vencido

También he aprendido acerca del compromiso mágico de mi gran amigo Jerry Gladstone. En 1986, Jerry inició su pro—pia empresa, *American Royal Arts*, en la cual vendía una buena variedad de objetos coleccionables. Un año después, decidió dedicarse a vender arte animado. Obtuvo las licencias necesarias de Warner Brothers, Hanna Barbera y otros estudios. Pero poco después descubrió que para hacer crecer su negocio, en realidad necesitaba vender arte de Disney.

Durante tres años, escribió cartas y llamó a las oficinas de Disney para solicitar permiso para vender arte de Disney. En cada intento recibía la misma respuesta de Disney: NO.

Aquello no detuvo a Jerry. Insistió en contactar a los ejecu—tivos de Disney. Una ejecutiva estaba tan cansada de Jerry que un día le dijo en un tono de voz que recordaba a la malévola de *La bella durmiente*, o a la reina despiadada de *Blanca Nieves* y a Cruella DeVil de los *101 Dálmatas*: "¡Usted nunca tendrá una licencia de Disney!"

¿Hora de darse por vencido? ¡No para Jerry! Pese a todas aquellas negativas, mantuvo una actitud sobresaliente. Continuó llamando a otros ejecutivos de Disney. Fue entonces cuando uno de sus representantes, queriendo de una vez por todas deshacerse de Jerry, le dijo: "Bien, los únicos dos lugares en los que consideraríamos tener una galería con arte de Disney serían en Minnesota o en Massachussets".

El negocio de Jerry estaba en Nueva York, y hasta entonces no tenía ninguna intención de abrir una galería en un lugar distante. ¿Se imagina lo que hizo Jerry? El día siguiente voló a Boston, y, ¡antes de que terminara el día había firmado el contrato de arrendamiento de un local en Newbury Street, Boston!

Inmediatamente llamó al ejecutivo de Disney para informarle que tenía la lista la ubicación en Boston. Ambos rompieron a reír. A continuación el ejecutivo le dijo a Jerry: "Si usted tuvo el valor de ir a Boston al día siguiente y abrir un lugar como ese, tenemos que ponerlo en nuestro programa Disney". Pocas semanas después, Jerry abrió la galería en Boston para vender la exclusiva línea de Disney.

> **Las recompensas para aquellos que perseveran, sobrepasan con creces a las vicisitudes que preceden la victoria.**
> **—Ted Engstrom**

En el término de un año, Jerry obtuvo el permiso para comercializar la línea Disney en su tienda de Nueva York. Ya en este momento, Jerry ha distribuido productos de Disney por décadas. Ha vendido millones de dólares del arte Disney y ¡es el mayor representante de arte de animación en el mundo!

Hablando de compromiso y de mantener una buena actitud frente a la adversidad, Jerry iba a conseguir aquella licencia de Disney sin importar lo que eso implicara. Pregúnteselo a Jerry y él le dirá: "en un minuto neoyorquino" ¡La actitud lo es todo!

Tanto como sea necesario

También me gustaría compartir con usted la historia de Benjamín Roll, quien vive en Newport Beach, California. En

1990, a la edad de 67 años, Roll se graduó de la escuela de leyes. Naturalmente antes de que pudiera ejercer tuvo que aprobar el examen de la Junta de California.

La primera vez que presentó el examen, lo perdió. La segunda vez, lo perdió. Lo mismo sucedió la tercera vez... la cuarta... la quinta... la sexta... la séptima... la octava... la novena... la décima... la onceava... la doceava... y la treceava.

Permítame agregar un detalle importante: el examen de la Junta de California sólo se puede presentar dos veces al año. Así que para el tiempo en que Roll había hecho su décimo tercer intento ya tenía 73 años de edad. La mayoría de las personas se hubieran dado por vencidas, ¡pero Benjamín Roll no lo hizo!

Presentó el examen por décimo cuarta vez... y ¡lo aprobó! En 1997, a la edad de 74 años, Roll fue admitido para ejercer la abogacía en el estado de California. Este es el ejemplo de alguien que está comprometido... y dispuesto a hacer lo que sea necesario. Como más tarde lo expresó Roll: "Tenía que pasar ese tedioso examen algún día de mi vida. ¡Y lo hice!"

¿Le enseña esta historia algo sobre la importancia de la acti−tud? La mayoría de las personas ni siquiera considerarían la idea de iniciar la carrera de leyes a los 60 años. Y aquí tenemos un ejemplo de alguien que no sólo se matriculó en la facultad de leyes, sino que estuvo dispuesto a estudiar seis años después de graduarse para pasar el examen de la Junta.

¡Genial! La historia de Benjamín Roll es simplemente prueba irrefutable de que ¡La actitud lo es todo!

Hora de comprometerse

Ahora bien, digamos que usted en este momento tiene una meta en mente. La pregunta que debe hacerse es: "¿estoy yo dispuesto a hacer lo que sea necesario para alcanzarla?" Si su respuesta es: "Estoy en condiciones de hacer cualquier cosa, excepto _____", entonces francamente, permítame decirle que usted no está comprometido.

Cuando uno no está comprometido es semejante a un tren descarrilado. Así es improbable que alcance su objetivo. Por ejemplo, muchas personas empiezan un negocio con este enfoque: "Le daré seis meses de prueba para que se impulse, si las cosas no resultan en ese tiempo, lo cierro". Esa no es la actitud mental que conduce al éxito.

¿Dónde estaría el novelista David Baldacci si hubiera dicho: "Intentaré lo de ser escritor por un año... si no puedo vender nada, lo abandonaré"? Seguramente se hubiera perdido de una oportunidad de hacer lo que anhelaba... su independencia económica... y más importante aún ¡alcanzar su sueño!

Ahora bien, yo no estoy sugiriendo que usted salga hacia delante sin diseñar un plan y luego espere resultados fabulosos. Por supuesto, usted necesitará establecer agendas, plazos límite y presupuestos, de modo que pueda controlar el proceso para alcanzar el éxito tan pronto como sea posible. Pero la realidad es que, a pesar de los planes más cuidadosos, uno nunca sabe con exactitud cuanto tiempo tomará alcanzar la meta. Tampoco puede prever los obstáculos que se interpondrán en el camino.

Allí es donde el compromiso diferencia a los ganadores de los perdedores. Los que se comprometen se van a aferrar y a prevalecer —no importa qué suceda. No importa si implica más tiempo del que se había planeado originalmente. Los que no se comprometen son los que van a abandonar la embarcación cuando las cosas no resulten como esperaban.

Ahora que usted ha aprendido sobre el poder del compromiso, es tiempo de empezar a aplicar el principio. Así que, ¡adelante! Escoja una meta que desee alcanzar fervientemente, y constituya un compromiso de hacer lo que sea necesario para alcanzarla. Empiece a avanzar y alístese para descubrir y aprovechar todas las oportunidades que se le presenten. Luego, continúe avanzando con acción perseverante y, ¡esté listo para alcanzar el éxito!

LECCIÓN 5

CONVIERTA SUS PROBLEMAS EN OPORTUNIDADES

"Cada adversidad viene con la semilla
de un beneficio equivalente, o aún mayor".
—**Napoleón Hill**

Cuando experimenta problemas o dificultades en la vida, ¿cuál es su reacción inmediata? Si usted es como la mayoría de las personas, su primera reacción será lamentarse. ¿Por qué tuvo que ocurrirme esto a mí? ¿Qué voy a hacer ahora? "¡Se arruinaron mis planes!"

Esta reacción es sencillamente natural. Sin embargo, después de la desilusión inicial usted necesita tomar una decisión. Existen dos opciones: puede sumirse en la desesperanza y concentrarse en los aspectos negativos de la situación o, por otra parte, hallar beneficio de la lección que le está dando el problema.

Sin duda, usted enfrentará un periodo de incertidumbre y de lucha, pero siempre estará la otra cara de la dificultad. Verá, con frecuencia, que un "problema" no es un problema del todo. Puede ser en realidad una oportunidad. Por ejemplo, un problema puede revelar que usted necesita hacer algunos ajustes para mejorar algunos aspectos de su vida. Si el problema no hubiera ocurrido, usted quizás nunca hubiera emprendido una acción positiva.

Por ejemplo, usted probablemente sepa o haya escuchado de alguien que perdió su empleo y por tal motivo esa persona emprendió un negocio exitoso. Seguramente esa persona le dirá que si no hubiera sido despedida, el negocio nunca hubiera empezado. Lo que comenzó como una adversidad terminó por convertirse en una oportunidad de oro.

¿Recuerda la ocasión en la que usted estaba absolutamente convencido de que cierto trabajo en particular era el perfecto para usted? Usted tuvo una gran entrevista, estuvo esperando a que le llamaran, pero la llamada nunca ocurrió. Alguien más consiguió el puesto. Usted se sintió decepcionado. Unos días o meses después, se presentó otra oportunidad y usted se dio cuenta de que la primera opción era mucho menos deseable que la actual. La primera negativa se convirtió, de hecho, en una bendición. Otro ejemplo es el negocio de "la casa de sus sueños", el cual fracasa... sólo para ser reemplazado por algo muchísimo mejor.

Halle el beneficio

En el periódico *The New York Times* se publicó un ensayo titulado "¿Se puede obtener algún beneficio de tener un tumor cerebral?" El ensayo fue escrito por una mujer de cuarenta años llamada Sharon. A ella se le dijo que tenía un tumor grande, justo detrás de su ojo izquierdo. El tumor fue extirpado en una operación que duró seis horas. Afortunadamente resultó ser benigno. ¿Puede usted imaginar a alguien obteniendo algún beneficio de una situación tan terrible? Según Sharon, de esta experiencia han derivado varias cosas positivas.

En primer lugar, Sharon estaba profundamente conmovida por la cantidad de ayuda y apoyo que su comunidad le extendió tanto a ella como a su familia durante la crisis. La gente de la comunidad, entre ellos algunos que simplemente eran conocidos, suministraron alimento a su esposo y a sus hijos. Sus amigos hicieron arreglos para que alguien limpiara su casa. Sharon aprendió acerca de la capacidad humana de demostrar bondad para ayudar a otros en tiempos de necesidad.

Al haber experimentado la vulnerabilidad en persona, Sharon dice que ha desarrollado una actitud más positiva y que tiene un intenso deseo de alcanzar las metas que se trazó cuando estaba hospitalizada. También comenta que pudo desarrollar una relación más estrecha y más significativa con su hermano y hermana. Como lo expresó más tarde: "Fue necesario que ocurriera un revés para que me diera cuanta cuán buena es la vida". Ahora, luego de superar una experiencia desafiante y difícil, Sharon tiene más aprecio y entusiasmo por la vida, que el que poseía antes de esta dolorosa experiencia.

De la tragedia al triunfo

El camino hacia el triunfo con frecuencia atraviesa la adversidad. Es el caso del empresario Dave Bruno. Durante la década de los años 80, Bruno iba en camino a convertirse en el gerente nacional de ventas de una compañía que vendía equipos médicos. Él, su esposa Marlene y sus tres hijos vivían en una hermosa casa residencial en Milwaukee. Las cosas iban bien.

Pero en 1984 Bruno perdió su trabajo.

Una noche, varios meses después, mientras todavía estaba sin trabajo e iba conduciendo a casa, su automóvil se desvió bruscamente del camino y se estrelló. Bruno sufrió lesiones mayores, incluyendo la perforación de sus pulmones, la ruptura de varias costillas, la ruptura del bazo y laceraciones en el hígado.

Sin presión no hay diamantes.
—Mary Case

Los médicos no sabían si sobreviviría. Él mismo pensaba que iba a morir. Luego de una lucha intensa de tres días en las que Bruno se aferró tenazmente a la vida, estuvo fuera de peligro. Se sentía como si se le hubiera dado una segunda oportunidad.

Mientras se recuperaba en el hospital Bruno empezó a pensar en lo que iba a hacer con su vida. Antes del accidente, y de hecho durante gran parte de su vida, había estado coleccionando citas inspiradoras sobre motivación. En la adolescencia había aprendido sobre el poder asombroso que tenían estas citas. Su madre tenía el hábito de colocar citas memorables en lugares estratégicos de la casa. Éstas siempre habían animado el espíritu y habían provisto dirección.

De repente, Bruno tuvo una idea de lo que podía hacer. Comenzaría un negocio y compartiría esas citas con otras personas. Así, también otros, podrían tener la misma inspiración. Sin embargo, Bruno no tenía ni la menor idea de cómo podría hacerlo.

Cuando salió del hospital Bruno encontró más noticias devastadoras. Dadas las astronómicas cuentas del hospital y la incapacidad para trabajar, él tenía que declararse en bancarrota. Así que Bruno y su familia perdieron la casa y tuvieron que irse a vivir a un apartamento estrecho.

Sin embargo, no se dio por vencido para alcanzar su sueño. Continuó adelante con una actitud positiva y determinación implacable. En los años subsiguientes procuró conseguir trabajo donde pudiera aprender de impresión y mercadeo. Siempre estaba pensando cuál sería el canal apropiado para divulgar sus citas.

Cierto día, se le ocurrió una idea maravillosa: imprimir las citas en tarjetas de crédito. Esa noche cuando estaba viendo la televisión vio un comercial de una "tarjeta dorada" de cierta compañía.

> **Las cosas que duelen son las que instruyen.**
> **—Benjamín Franklin**

Mucho mejor —pensó— imprimir las citas en tarjetas doradas metálicas de modo que la gente las pueda llevar dondequiera que vaya. De modo que seleccionó una serie de citas en temas como actitud, liderazgo, persistencia y valor. Las llamó Tarjetas Doradas del Éxito. Cinco años después de haber salido del hospital Dave Bruno vendió su primera Tarjeta Dorada del Éxito, y me alegra decir que en la actualidad ya ha vendido unos dos millones de aquellas tarjetas.

Dave Bruno convirtió un accidente trágico en un asombroso triunfo.

Los fracasos, bendiciones disfrazadas

Ahora bien, yo no deseo que usted piense que este principio sólo aplica a las tragedias. Nada puede estar más lejos de la realidad. Quisiera compartir un ejemplo de los negocios que refuerza mi creencia en este concepto. En marzo de 1991, después de una exhaustiva búsqueda, escogí una compañía para que estampara camisetas con mi logo *La actitud lo es todo*.

Yo me comprometí a finales de junio que lanzaría una campaña local y nacional para promocionar esas camisetas. Sin embargo, surgió un asunto serio a principios de julio. En vez de procesar la orden para entregar en dos semanas (como originalmente lo había prometido), el estampador tomó más de cinco semanas. Aquello era inaceptable. De modo que decidí buscar otro estampador.

Sin embargo, yo ya había establecido mi presupuesto y términos de entrega basándome en las negociaciones con el primer impresor. ¿Tremendo lío, verdad? ¿Qué ocurriría si yo no podía encontrar otra empresa que entregara un producto de igual calidad a un precio igual o similar?

Bueno, en vez de deprimirme y renegar de mi suerte, me dispuse inmediatamente a buscar otro estampador. En el plazo de una semana encontré al que estaba buscando. En vez de pasar una orden que se despachara entre dos y cinco semanas, se tramitó una orden que se completaría entre dos y cuatro días. Hoy, casi veinte años después, continúo trabajando con la misma persona.

Como verá, haber dejado al primer estampador fue la mejor cosa que me pudo haber pasado. Por supuesto, yo no lo sabía en ese momento, pese a ello, creía que podía lograr de aquella aparente "mala situación" un resultado ventajoso. Y lo hice. Experiencias como estas me han enseñado que cuando una puerta se cierra siempre hay otra mejor esperando para ser abierta.

Los cambios de carrera, emergen de la frustración

Mi propio cambio de carrera es otro ejemplo de cómo se obtienen beneficios de los problemas y las dificultades. Nunca me interesé en

Es un camino difícil el que conduce a las mieles de la grandeza.
—Séneca

asuntos de autoayuda hasta cuando experimenté años de infelicidad. Encontré estos principios sólo hasta que toqué fondo en mi vida.

¡Ahora me doy cuenta de que todas aquellas angustias que experimenté eran verdaderamente bendiciones disfrazadas! Ahora puedo ver claramente, como aquellas experiencias "me prepararon" para lo que estaba por venir. Tenía que atravesar tiempos difíciles y experimentar la infelicidad de modo que pudiera entender el poder de la actitud positiva.

Así que cuando alguien me dice que está desanimado, o cuando es obvio que alguien tiene una actitud negativa, sé muy bien lo que es sentirse así. Yo lo he experimentado. Al atravesar tiempos difíciles, aprendí cosas que resultan invaluables para mí y puedo relacionarme mejor con aquellos que acuden para escuchar mis presentaciones y que leen mis escritos.

Y la realidad es que si yo no hubiera estado tan insatisfecho con mi trabajo como abogado, nunca hubiera considerado la posibilidad de cambiar mi carrera. Si le hubiera dado una calificación muy alta a lo que estaba haciendo, hubiera permanecido ejerciendo las leyes. Hubiera establecido mi vida en el medio. Fue sólo porque descubrí que mi nivel de satisfacción era deficiente, casi a punto de fracasar, que me sentí impulsado a hacer un cambio.

> **La adversidad saca a la luz nuestro potencial escondido.**
> **—Jeff Keller**

Cuando alguien me pregunta por qué cambié mi carrera, respondo sin vacilar: "MUCHO DOLOR", físico, emocional y espiritual. Y fue ese dolor — tan intenso como para ignorarlo — el que me llevó a tomar la decisión de ir en otra dirección. Ahora puedo dar a mi vida "la calificación más alta"... ¡y las cosas apenas empiezan a mejorar!

Ahora, pensemos en su vida, ¿ha experimentado alguna vez una experiencia similar en la que lo negativo se vuelve positivo? Tal vez lo han despedido de un empleo y después ha conse-

guido un mejor trabajo. O quizás usted experimentó algún problema de salud y ello lo llevó a cambiar su dieta o a hacer ejercicio
regularmente. Revise con cuidado las dificultades que ha tenido
e identifique los beneficios o las lecciones que se han derivado
de tales experiencias. ¡Seguramente encontrará que ya ha tenido
muchos desenlaces positivos!

La adversidad, puede obrar para nuestro bien

Analicemos siete maneras en que la adversidad puede beneficiarnos:

1. *La adversidad nos ayuda a ver las cosas en su debida perspectiva.*
   Después de que alguien se recupera de una enfermedad
   grave, ya no ve como un gran problema una llanta pinchada
   o un techo con goteras. Está listo para sobreponerse a las
   molestias diarias y centrar su atención en las cosas verdaderamente importantes de la vida.

2. *La adversidad nos enseña a ser agradecidos.* A través de los
   problemas y dificultades, especialmente los que implican
   pérdida y privación, uno desarrolla un aprecio más profundo
   en varios aspectos de la vida. Es un poco duro decirlo, pero
   muchas veces no apreciamos algo suficientemente hasta
   cuando lo perdemos. Por ejemplo, sólo hasta cuando no
   la hay descubrimos el valor del agua caliente. Sólo hasta
   cuando nos enfermamos valoramos completamente la salud.
   La persona sabia continúa contando sus bendiciones aún
   después de que haya pasado el tiempo de pérdida y privación. Recuérdelo, siempre nos movemos en la dirección de
   nuestros pensamientos dominantes. Demostremos aprecio
   y agradecimiento por lo que ya tenemos, ello atraerá aún
   mejores cosas en la vida.

3. *La adversidad saca a la luz nuestro potencial escondido.* Después
   de sobrepasar barreras o de vencer algún obstáculo, usted se
   hace más fuerte emocionalmente. La vida lo ha sometido a
   prueba y usted la ha superado. Entonces, cuando se asoma
   la siguiente dificultad, usted se encuentra mejor equipado

para sortearla. Los problemas y los desafíos sacan a la luz lo mejor de nosotros – descubrimos que tenemos habilidades que no sabíamos que teníamos. Muchos de nosotros nunca hubiéramos descubierto esos talentos si la vida no nos hubiera hecho atravesar aquellos terrenos abruptos.

4. *La adversidad nos estimula a hacer cambios y a emprender la acción.* La mayoría de las personas se inclinan por viejos modelos familiares, a pesar de lo aburridos o dolorosos que puedan ser. Es sólo hasta cuando hay crisis o dificultades que las personas se sienten motivadas a hacer ajustes. Con frecuencia son los problemas los que revelan que uno se está desviando del camino y que se necesita una acción correctiva.

5. *La adversidad nos enseña lecciones valiosas.* Tome como ejemplo el fracaso de un negocio. El empresario puede aprender cosas que le ayudaran a tener éxito en su próxima propuesta.

6. *La adversidad abre nuevas puertas.* Una relación termina y usted entra en una más satisfactoria. Usted pierde un trabajo y luego encuentra uno mejor. En tales casos el "problema" no fue un problema del todo, sino más bien una oportunidad disfrazada. Se cierra una puerta pero hay otra mejor esperando a ser abierta por usted.

7. *La adversidad edifica la confianza y la autoestima.* Cuando usted se arma de todo el valor y determinación para vencer un obstáculo, se siente competente y gana confianza. Usted desarrolla un mayor sentimiento de autoestima y transforma esos sentimientos positivos en actividades positivas.

Busque lo positivo

Seguramente usted también tiene su porción de problemas y adversidades en la vida. Con lo anterior no estoy sugiriendo que cuando la calamidad asome en la vida usted deba negar sus emociones o rehusarse a aceptar la realidad. Lo que yo digo es que no se debe juzgar rápidamente la situación como una tragedia o concentrarse en lo mal que están las cosas. Es muy posible que usted no perciba inmediatamente el beneficio que pueda obtener de esa situación... pero de seguro, existe.

Usted tiene dos opciones. Puede ver los problemas como negativos y deprimirse por ellos. Déjeme decirle que esta propuesta sólo empeora las cosas. O, usted puede ver cada experiencia, aparentemente negativa, como una oportunidad, como algo de lo cual usted puede aprender y crecer. Créalo o no, los problemas están allí para beneficiarle — no para destruirlo.

De modo que la próxima vez que enfrente un problema o un retroceso no se desaliente ni se dé por vencido. No permita que los problemas empañen su ventana de la actitud para siempre. Limpie esa ventana empañada. Usted descubrirá, una vez que el polvo se asiente, que usted puede ver aún mejor de lo que veía antes. Recuerde las palabras de Napoleón Hill:"Cada adversidad viene con la semilla de un beneficio equivalente o mayor".

Pregúntese, de forma habitual, lo que ha aprendido de sus experiencias difíciles y proyéctese hacia delante como una persona en crecimiento. En tiempos de crisis, esfuércese por mantener una actitud positiva y abra su mente —porque ésa es la actitud que le permitirá hallar el beneficio a la dificultad.

parte 2

Vigile sus palabras

Repita algo con mucha frecuencia
y usted empezará a convertirse en ello.
—Tom Hopkins

LECCIÓN 6

SUS PALABRAS ABRIRÁN EL CAMINO

> "Las palabras que usted consistentemente
> utiliza forjarán su destino".
> —**Anthony Robbins**

¿ Cuándo fue la última vez que usted prestó especial atención a las palabras que usa cada día? ¿Cuán cuidadoso es usted al seleccionarlas?

Puede que usted se esté preguntando: "Jeff, ¿por qué todo esta inquietud por las palabras? ¿Cuál es el problema?" La respuesta es simple. Las palabras tienen un poder indescriptible. Pueden edificar un futuro brillante, echar abajo oportunidades o mantener el *estatu quo*. Sus palabras refuerzan sus creencias, y sus creencias establecen su realidad.

Piense en este proceso como si fuera una fila de dominós que se ven así:

PENSAMIENTOS > PALABRAS > CREENCIAS > ACCIONES > RESULTADOS

Así es como funciona: Tom tiene un PENSAMIENTO, "No soy tan bueno para las ventas". Recordemos que él no tiene este pensamiento sólo una vez. No. Lo ha estado repasando en su mente de forma constante, tal vez cientos o miles de veces durante su vida.

Luego, Tom empieza a utilizar las PALABRAS que apoyan este pensamiento. Le dice a sus amigos y colegas: "Nunca me va a ir bien en las ventas", "Odio hacer llamadas y visitar clientes". De nuevo Tom repite esas palabras una vez tras otra, tanto en su mente como en conversaciones con otros.

Esto, a su vez, refuerza sus CREENCIAS, y allí es donde todo se consolida. Como usted puede ver, todo lo que se adquiere en la vida proviene de lo que uno cree. Así como en nuestro ejemplo de las ventas, Tom desarrolló la creencia de que no iba a ser bueno en las ventas y que, como resultado, no iba a ganar mucho dinero. Así es como una idea llega a grabarse fuertemente en la mente subconsciente.

¿Qué puede provenir de una creencia como esa? Dado que Tom no confía en sus habilidades como vendedor, iniciará muy pocas ACCIONES, o emprenderá algunas que sean escasamente productivas. No hará las cosas que sean necesarias para tener éxito en las ventas.

Entonces, bastante predecible, Tom tendrá RESULTADOS pobres. Para empeorar las cosas, Tom empezará a tener más pensamientos negativos, repetirá más palabras negativas, reforzará sus creencias negativas y conseguirá resultados todavía más negativos. Aquello se convierte en un círculo vicioso.

> **Las palabras son la medicina más poderosa utilizada por la humanidad.**
> **—Rudyard Kipling**

Por supuesto, este proceso podría haber tenido un final feliz si Tom hubiera seleccionado PENSAMIENTOS positivos y los hubiera reforzado con PALABRAS positivas. Así hubiera fortalecido la CREENCIA de que era bueno para las ventas y como resultado, Tom hubiera emprendido ACCIONES consistentes con esa creencia y, seguramente habría obtenido RESULTADOS sorprendentes.

El punto aquí es que nunca subestime la función de las PALABRAS en estos procesos. Las personas que se alimentan a sí mismas con una dieta constante de palabras negativas están destinadas a desarrollar una actitud negativa.

Es un asunto sencillo de causa y efecto. Uno no puede estar repitiendo palabras negativas y esperar conseguir grandes resultados. Y ello ocurre porque las palabras negativas siempre conducen al arraigo de creencias negativas y como consecuencia, se generan resultados negativos.

¿Por qué no me pide que repare algo en su casa?

Cuando se trata de reparaciones en casa, no es conmigo. ¿Necesita que yo repare un grifo o algo en el tanque del inodoro? Me iría mejor si tuviera que escalar el monte Everest. ¿Algo de carpintería o de trabajo eléctrico? No tengo ni la menor idea. ¿Quiere saber cuál es mi talón de Aquiles? Son todas esas hojas de instrucciones que explican cómo ensamblar algo que viene en una caja. Usted sabe a lo que me refiero — esos folletos con refe— rencias a la "Figura 10A" que muestran (o dicen mostrar) donde van todos tornillos y tuercas y cómo se juntan todas las partes.

Las hojas de instrucciones tiene en mí el mismo efecto que la criptonita en Superman. Si usted recuerda la vieja serie, el villano disparaba a Superman y las balas rebotaban en su pecho sin hacerle daño. Pero había una sustancia de la cual Superman no podía defenderse —la criptonita. Dondequiera que el vi— llano sacaba un pedazo de criptonita, Superman tambaleaba y empezaba a perder su poder.

Bueno, cuando yo veo una hoja de instrucciones, mis pier— nas tiemblan y yo me acobardo. Sé que, de hecho, es pérdida de tiempo para mí darle un vistazo. Sé que no voy a entenderla. De modo que llamo a Dolores y le pregunto qué debo hacer. Para Dolores es muy sencillo.

¿Cómo ocurrió todo esto? Yo no pretendo ser el hombre más listo en el mundo, pero considero que cuento con una medida razonable de inteligencia. ¿Me falta el gen de reparaciones en casa? No, no creo que eso esté pasando. La respuesta es bastante obvia. Durante los últimos cuarenta años, me he dicho repeti— damente: "No soy bueno en asuntos de manualidades" y "No puedo reparar nada". Y, vea el resultado. Después de cuarenta años de utilizar palabras negativas he desarrollado la fuerte creencia de que no puedo hacer tales cosas.

¿Percibe usted cómo desarrollé esta situación por no ser cuidadoso con las palabras que usaba? La verdad es que eventual—mente pudiera dar reversa a esa situación si empezara a utilizar palabras positivas acerca de mi habilidad para reparar cosas.

Las palabras de los científicos, dignas de ser tenidas en cuenta

Hace algunos años leí un artículo acerca de Kent Cullers, un científico que encabezaba el proyecto de la NASA e intentaba averiguar si existía vida extra terrestre. Cullers, quien cuenta con un doctorado en física, trabajaba en el desarrollo de un software que pudiera percibir señales de radio que indicaran la presencia de otras formas de vida en el universo.

> **En las palabras se disciernen el estado de ánimo, la disposición y el carácter del individuo.**
> **—Plutarco**

¿No es verdad que todo esto suena como la serie de *Viaje a las estrellas*? Pero no es ficción, este tipo de temas se manejan en la investi—gación científica.

Sin embargo, Cullers tiene un desafío físico con el cual batallar. Déjeme decirlo cómo lo describe él. Él se refiere a su situación como a una "afección trivial" y como "sólo un inconveniente". ¿Cuál es el desafío particular de Cullers? ¿Una pizca de artritis? ¿Una migraña ocasional? Kent Cullers es ciego. Así es... carece de la vista. ¿No es increíble que alguien pueda describir la ceguera como "afección trivial" y como "sólo un inconveniente"? Al utilizar esas palabras, Kent Cullers se está estimulando a sí mismo para alcanzar grandes cosas. Él no cede ante sus limitaciones y, como resultado, es capaz de trascenderlas y de lograr más que aquellos que tienen su vista intacta.

¿Qué obstáculos está enfrentando usted en estos momentos? ¿Imagine el poder que tendría si se desatara de ellos y los pu—diera ver como "sólo un inconveniente" es vez de verlos como si fueran una barrera insalvable?

¿Decirlo o no decirlo?

Cuando hablo de la importancia de utilizar lenguaje positivo para avanzar hacia las metas es posible que usted se pregunte: "¿Jeff, me digo las palabras positivas a mí mismo o se las digo a otras personas?" Es posible que usted tema que si les cuenta a otros sus metas ellos piensen que está siendo presuntuoso y que hasta se le burlen. Permítame expresarle algunas ideas al respecto, entendiendo, eso sí, que no hay reglas rígidas en este asunto. Más bien, usted puede hacer lo que resulte práctico en su caso.

Para iniciar, hable en forma positiva con usted mismo, tan frecuentemente como le sea posible. En mi opinión, mientras más lo haga, mejor. Después de todo usted está hablando con usted mismo por lo cual no tendrá que preocuparse de que otros lo estén escuchando. La clave está en que usted escuche esta retroalimentación positiva una y otra vez, de modo que se arraigue profundamente en su mente subconsciente.

El que usted hable de sus metas con otras personas es un asunto un poco más complejo. Algo que he aprendido al respecto es esto: Nunca exponga sus metas a personas negativas. Todo lo que ellos harán será discutir e indicar razones por las cuales usted no podrá alcanzar las metas. ¿A quién le hace falta eso? Con frecuencia esas personas negativas son las que hacen muy poco o nada con sus propias vidas. No tienen metas ni sueños y tampoco quieren que otros alcancen el éxito.

Con todo, hay casos en los que usted se puede beneficiar de compartir sus metas con otros. En primer lugar, asegúrese de que usted está hablando con alguien que es extremadamente positivo y que está dispuesto a apoyarlo en sus esfuerzos. Esta es la clase de persona que estaría muy complacida de que usted alcance sus metas y que esté en capacidad de hacer lo que esté a su alcance para ayudarle. Es posible que usted tenga a un amigo o colega, o a un miembro de la familia que cumpla con esta descripción.

También es importante compartir sus metas con otros que estén trabajando al lado suyo para alcanzar ese resultado. Por ejemplo, si un gerente de ventas desea incrementar las ventas en un 20%, deberá hacerle saber esa meta a todo su personal para que todos trabajen juntos para alcanzarla.

Sin embargo, aunque le estoy animando a utilizar palabras positivas para impulsarse hacia delante y alcanzar sus objetivos, no estoy sugiriendo que usted deba ignorar los obstáculos que encuentre o que deba rechazar el desánimo de otras personas. Antes de emprender una meta, usted deberá prepararse para lo que pueda encontrar en el camino. En lo personal, prefiero considerar esos asuntos con alguien que sea positivo; alguien cuya retroalimentación incluya opciones creativas a las dificul—tades que puedan surgir.

Adicionalmente, sólo considero mis planes con aquellos que estén calificados para ofrecer una opinión inteligente sobre el tema. Si usted va a iniciar su propio negocio, sencillamente no tiene sentido consultarlo con el tío Elmer, especialmente si el tío Elmer es negativo y trabajó como empleado toda su vida. ¿Qué sabe él de establecer un negocio? Él, en cambio, le dará una larga lista de razones para no iniciar el negocio. Después de la charla con el tío Elmer usted empezará a dudar de su proyecto. Recuerde que no necesita esa clase de "ayuda".

Las palabras y la responsabilidad

Sin embargo, existe otra razón por la que en algunos casos usted podría optar por compartir sus metas con alguien más. Tiene que ver con la responsabilidad. En otras palabras, si yo les digo a otros lo que pienso hacer, tengo la responsabilidad de hacerlo. ¡Usted mismo está quemando los puentes detrás de sí! Entonces no hay camino de retorno.

No obstante, déjeme decirle que no pienso que uno deba "quemar los puentes detrás de sí" en asuntos comerciales. Sin embargo, en algunos casos, la única manera de progresar en la vida —para alcanzar metas ambiciosas— es cerrar todos los caminos de retorno.

Esa pudiera ser una estrategia muy útil. Puede ser que le contemos a un amigo que vamos a ir al gimnasio tres días esta semana. Luego, nuestro amigo nos preguntará si lo hicimos. ¡Aquello nos obligará a ir al gimnasio tres días esta semana!

Un ejemplo más dramático al respecto es el del famoso conferencista en temas de motivación Zig Ziglar, quien decidió empezar una dieta para reducir su peso de 101 kilos a 82. Al mismo tiempo estaba escribiendo el libro *¡Nos vemos en la cima!*

En el libro Ziglar incluyó una declaración en la que decía que había alcanzado los 82 kilos. Esto lo dijo diez meses antes de que el libro empezara a imprimirse. Ziglar hizo un pedido para imprimir 25.000 copias. Ahora bien, recuerde que para el tiempo en que él escribió estas palabras pesaba 101 kilos. De esa forma él puso su credibilidad en juego con 25.000 personas.

Al incluir la declaración de que pesaba 82 kilos, Ziglar sabía que tenía que perder 18.5 kilos antes de que su libro estuviera impreso. ¡Y lo logró!

Utilice esta estrategia selectivamente. Limítela a aquellas metas que sean las más importantes para usted —entonces usted constituirá el compromiso que le permitirá recorrer el camino. ¿Es arriesgado hacerlo? Le apuesto que lo es, pero, sin duda ¡será una tremenda motivación!

> **La gente que siempre está hablando de la falta de dinero, no acumula mucho.**
> **—Jeff Keller**

Palabras y emociones

En su famoso libro *Despierte al gigante que hay dentro*, Anthony Robbins dedica un capítulo entero a hablar sobre como nuestro vocabulario afecta nuestras emociones, nuestras creencias y nuestro desempeño en la vida. Yo disiento de algunos de los postulados de Robbins, sin embargo, sus afirmaciones acerca del poder de las palabras son del todo acertadas. Robbins se especializa en el tema de cómo ciertas palabras hacen impacto en nuestra intensidad emocional.

Por ejemplo, digamos que alguien le ha mentido a usted. Puede que reaccione diciendo que está "enojado" o "desilusionado". Si por el contrario, usted utilizó las palabras "furioso", "iracundo" o "colérico", su fisiología y su comportamiento subsiguiente se alterarán dramáticamente. Su presión arterial se elevará, su rostro se enrojecerá y se sentirá muy tenso.

Por otra parte, ¿qué hay si usted catalogó la situación como "estoy molesto" o "incómodo"? Lo último reduce su intensidad emocional considerablemente. De hecho decir "incómodo", explica Robbins, probablemente le hará reír y romperá el ciclo emocional negativo completamente. Usted conseguirá estar más relajado.

Robbins da otros ejemplos de cómo reducir la intensidad de las emociones negativas. Imagine, reemplazar por ejemplo la afirmación: "estoy destruido" con "He tenido un revés", o utilizar la frase: "Yo prefiero" en vez de "odio". Por supuesto, usted también puede seleccionar intencionalmente palabras positivas para exaltar emociones positivas. Por ejemplo, en vez de decir "Estoy determinado a..".., ¿por qué no decir, "Soy imbatible?" o, en lugar de decir que usted está "más o menos", ¿por qué no decir: "Estoy muy bien?" Palabras como esas son estimulantes y levantan el ánimo a un nivel superior e influyen profundamente en los que le rodean.

> **Utilice las palabras que lo dirijan hacia la consecución de sus metas.**
> **—Jeff Keller**

Cuando usted decide utilizar concientemente tales términos positivos, está realmente escogiendo cambiar la senda por donde está viajando. Los demás responderán también de forma positiva y usted transformará la propia percepción que tiene de sí mismo.

Una mirada más de cerca a sus palabras

Piense en su vida por un momento. ¿Hay algún área donde usted haya estado usando frases como "No puedo", "No soy bueno en ___" y "Es imposible"? Todos conocemos personas que dicen cosas como estas:

No puedo dibujar.

No soy bueno en matemáticas.

No puedo recordar los nombres.

Es imposible para mí ganar todo ese dinero.

Cuando una persona hace ese tipo de comentarios día tras día durante 10, 20 ó 30 años, está programando su mente para el fracaso. De nuevo todo se relaciona con la actitud. Cada uno de los ejemplos anteriores refleja una actitud negativa. Y si una persona ve el mundo a través de una ventana empañada, va a utilizar lenguaje negativo y por consiguiente va a tener resultados negativos.

Afortunadamente, usted puede ejercer control sobre sus palabras. Eso significa que tiene la habilidad de construir un sistema de creencias positivo y, como consecuencia, desencadenar los resultados que desee. El primer paso es la autoconciencia. Consideremos ahora las frases que usted ha estado utilizando en cuatro aspectos importantes de su vida: las relaciones, las finanzas, la profesión y la salud.

1. Las relaciones

¿Dice usted cosas como "Todos los hombres (o mujeres) buenos están casados" o "La gente siempre se aprovecha de mí?", si lo hace, literalmente usted se está programando para tener relaciones infelices. Su mente escucha cada palabra que usted dice y estará buscando oportunidades para darle la razón. Con respecto a los ejemplos dados arriba, su mente buscará atraer a aquellas personas que le desilusionarán o que se aprovecharán de usted. ¿Es eso lo que usted desea? Si la respuesta es no, suspenda inmediatamente (y deje que su mente se concentre en) declaraciones negativas como esas.

2. Las finanzas

¿Qué palabras utiliza usted de forma regular para describir su situación económica y sus proyectos para el futuro? Frases como las siguientes obrarán definitivamente en su contra: "Siempre tengo deudas", "La economía está pésima", "Nadie está comprando". Por el contrario, escoja vocabulario que reafirme la prosperidad y mejores oportunidades económicas. Por supuesto, usted no tendrá necesariamente riqueza abundante en pocos días cuando cambie su vocabulario, pero las condiciones físicas podrán cambiar sólo después de que sus creencias al respecto cambien. ¡Seleccionar su vocabulario será el primer paso importante!

Después de todo, la gente próspera en el mundo no consiguió lo que tiene por andar quejándose de su situación. Por otra parte, los que siempre están hablando de la falta de dinero, no acumulan mucho.

3. La profesión

Si yo le preguntara acerca de los prospectos en su profesión en los próximos diez años, ¿qué diría? ¿Diría que las cosas probablemente continuarán más o menos iguales como hasta ahora? O, ¿se ve en una posición mejor, con nuevos desafíos y mejores responsabilidades y un mejor salario? Por otra parte, si usted responde "No sé hacia donde me dirijo en mi carrera", las posibilidades de que haya un cambio son pocas. Su lenguaje revela falta de visión y de dirección. Pero si, por otra parte, usted tiene una meta clara, la cual puede expresar con frecuencia —tal vez solo para usted mismo— entonces tendrá excelentes oportunidades de alcanzar su meta.

Lo mismo será cierto si usted tiene su propio negocio. ¿Expresa usted un lenguaje consistente con el crecimiento de su propio negocio? O, ¿habla con frecuencia de que no va a lograr llegar a la próxima meta?

4. La salud

Sin lugar a dudas, nuestras palabras tienen un tremendo impacto en nuestra salud. Por ejemplo, imagine que un grupo de nosotros está sentado frente a lo que parece una perfecta, saludable y deliciosa comida. Dos horas después lo llamo y le digo que todos los que estuvieron allí comiendo con nosotros fueron llevados al hospital por intoxicación de alimentos. Suponga que usted se sentía perfectamente bien antes de que yo llamara. ¿Cómo reaccionaría después de escuchar mi llamada?

Lo más probable es que usted ponga la mano en el estomago, se ponga pálido y se sienta enfermo. ¿Por qué? Porque mis palabras tuvieron un efecto ante el cual, su cuerpo reaccionó. Esta misma reacción pudo haber ocurrido aún si yo estuviera jugando una broma cruel y estuviera mintiendo sobre esta situación. Su cuerpo responde a sus palabras y a las de otras personas. Por ello es que no tiene absolutamente ningún sentido mantenerse repitiendo frases como "ese eterno dolor de espalda" o "yo tengo tres a cuatro gripas cada año". Al emitir tales expresiones usted está ordenando a su cuerpo para que manifieste dolor y se enferme.

Por favor no me malinterprete. No estoy sugiriendo que usted niegue el dolor y la enfermedad —o que usted puede vencer cualquier enfermedad— no obstante, no se gana nada (y por el contrario si se puede empeorar la situación) al utilizar lenguaje que refuerce el sufrimiento y la incurabilidad.

Usted tiene una opción

¿Ha pensado en las palabras que ha utilizado en estas áreas de su vida? Cuando repetimos ciertas frases una y otra vez es como si estuviéramos abriendo surcos en nuestra mente. Continuamos tocando vez tras vez esa vieja tonada como si se tratase de una vieja canción. El problema es que, cuando usted dice estas palabras, está ahondando el surco, reforzando viejos mitos en su mente, fortaleciendo antiguas creencias y por consiguiente, cosechando los mismos viejos frutos.

Tenga en mente, sin embargo, que sólo porque usted ha estado repitiendo este tipo de cosas en el pasado no hay razón para que continúe haciéndolo. Aunque es cierto que implica disciplina y vigilancia de su parte, hacer cambios en su lenguaje, ¡bien vale la pena el esfuerzo! Así que, de ahora en adelante, escoja conscientemente palabras que apunten en dirección a sus metas. Pídale a un amigo que le ayude a recordárselo cuando se equivoque.

Recuerde, de usted depende hablar de la forma correcta que lo conduzca en la dirección que desee. Por lo tanto, utilice palabras que sean consistentes con la ruta que se haya fijado; tenga mucho cuidado con lo que dice y emprenda el viaje en el sendero de una ruta maravillosa.

LECCIÓN 7

¿CÓMO ESTÁ USTED?

"La actitud en su rostro puede determinar
la clase de día que tenga".
—Anónimo

La respuesta que damos a la pregunta ¿Cómo está usted? parece cosa insignificante. No obstante, debemos contestar esa pregunta al menos unas diez veces al día, y quizás hasta cincuenta. De modo que no es un asunto trivial. Constituye parte vital de nuestras conversaciones diarias.

Cuando alguien le pregunta ¿Cómo está usted? ¿Qué suele decir? La respuesta a esa pregunta no es más que unas pocas palabras, y, sin embargo, éstas dicen muchísimo de usted y de su actitud. De hecho, su respuesta puede literalmente dar forma a su actitud.

He observado que la respuesta a esa pregunta puede clasificarse en tres categorías: negativa, mediocre y positiva. Examinemos las tres categorías y algunas respuestas comunes en cada una.

La respuesta negativa

La respuesta negativa a la pregunta ¿Cómo está usted?, incluye frases como éstas:

"Pésimo".
"Terrible".
"Cansado".
"No es mi día".
"Gracias a Dios es viernes".

"Un día más viejo y más pobre".

"Ni preguntes".

Cuando alguien responde "Ni preguntes", sé que estoy en problemas. Esa persona va a descargar una multitud de quejas y va a querer hacerme sentir culpable por haber hecho la pregunta.

Y realmente me inspira compasión escuchar a los que responden "Gracias a Dios es viernes". En otras palabras están dando a entender que los demás días de la semana son malos, todas las semanas. Para aquellas personas cuatro quintos de su semana laboral son pésimos. El quinto día, el viernes, es "soportable" sólo porque saben que tendrán dos días de descanso. ¿Es esa su forma de ver la vida? ¿Ve usted cómo frases negativas como estas corroen su actitud y la de otras personas?

Respuestas mediocres

Los que se hallan en el grupo de las respuestas mediocres superan a los de la respuesta negativa, sin embargo, todavía tienen plena oportunidad de mejorar. He aquí algunas expresiones de las que ellos dicen:

"Ahí voy".

"No tan mal".

"Podría ser peor".

"La misma historia".

"Más de lo mismo".

"Ahí por los laditos".

"Bien".

¿Desea usted realmente pasar un buen tiempo con la persona que piensa que la vida va "No tan mal"? ¿Sería esa la clase de personas con las que usted quisiera hacer negocios? Cuando utilizamos palabras como esas, menguamos nuestra energía. ¿Puede usted imaginarse a alguien diciendo: "Podría ser peor" con una postura erguida y mucho

> **Una sonrisa siempre es una forma sencilla de mejorar la apariencia.**
> **—Anónimo**

entusiasmo? ¡Por supuesto que no! Aquellas personas se perciben como si no hubieran dormido en dos días.

No hay duda, la gente que usa palabras mediocres desarrolla una actitud mediocre y obtiene resultados mediocres. Yo estoy seguro que usted no desea eso.

Respuestas positivas

Por otra parte está el enfoque positivo, con que personas optimistas dicen:

"Muy bien".

"Sensacional".

"Excelente".

"Genial".

"Súper bien".

"Muy bien y mejorando".

"No me podría estar yendo mejor".

Los que utilizan palabras animosas como éstas, tienen una fuerza positiva y *usted* se siente mejor con solo estar rodeado de ellos. ¿Cómo se sintió al leer esa lista tan positiva? En mi caso me sentí con energía y mucho entusiasmo. Esa es la clase de personas que me gustaría conocer hoy, y con las que me gustaría hacer negocios.

¿Por qué no regresa a la lista de los saludos negativos y me-diocres? Dígalos en voz alta. ¿Cómo le hacen sentir? Seguramente, bastante mal.

Como es de esperarse, si a uno le dan la oportunidad de hacerlo, escogería estar al lado de personas positivas, llenas de vida, en contraste con aquellas personas negativas y apagadas. Es como el viejo refrán en inglés que dice que cada persona alum-bra una habitación —algunos lo hacen cuando entran, y otros cuando salen. Seguramente queremos ser de las que la alumbran cuando entramos.

En cuanto a mí, cuando alguien me pregunta ¿Cómo está usted?, con frecuencia respondo "sensacional". Ello proyecta una actitud positiva hacia otros, y mientras más lo digo, más sensacional me siento.

Únase al grupo positivo

Bien, ya hemos tenido la posibilidad de revisar algunas respuestas comunes en cada categoría (negativa, mediocre y positiva). ¿Qué frases utiliza usted con más frecuencia? ¿Cuáles son las frases que sus familiares y amigos utilizan?

Si usted se encuentra en el grupo negativo o mediocre, le sugiero que considere inmediatamente revisar sus respuestas y unirse a las filas de los que contestan positivamente. La razón es que cuando se le pregunta ¿Cómo está usted?, y responde: "Terrible", o "No tan mal", su fisiología se afecta adversamente. Tiende a encoger sus hombros y a adoptar una postura melancólica.

¿Qué hay de sus emociones? Después de decir que se encuentra mal, ¿se siente mejor? Por supuesto que no. Y seguramente se sentirá peor, dado que las palabras y los sentimientos negativos generan sentimientos negativos y eventualmente, resultados negativos.

De usted dependerá romper ese ciclo. Aún cuando las circunstancias reales de su vida le persuadan a decir que está "mal" —quizás un negocio prometedor fracasó, o su hijo recibió malas notas en la escuela—, con una actitud melancólica no mejorará la situación; y para empeorar las cosas, su respuesta negativa o mediocre afectará a los demás, se retraerán al estar cerca de usted y escuchar su pesimismo.

Forme un nuevo hábito

Si todas esas consecuencias negativas resultan de las palabras, ¿por qué continuar diciéndolas hasta este momento? Porque probablemente usted no había comprendido que tenía otra alternativa. Posiblemente, años atrás había desarrollado incons—

cientemente el hábito; un hábito que, de hecho, no le es de ningún provecho.

Al final, nuestras palabras se convierten en una profecía que nosotros mismos cumplimos. Si uno dice −¡*Todo está terrible!*, su mente atrae a la gente y a las circunstancias que conducirán a que esa declaración se materialice. Si, por otra parte, repite con frecuencia que su vida es ¡Maravillosa!, su mente empezará a orientarse en otra dirección.

Por ejemplo, piense en lo que sucede cuando contesta que se encuentra "*excelente*" o "*sensacional*". Cuando dice estas palabras, su fisiología empieza a armonizar con su lenguaje positivo. Su postura es más erguida. Otras personas se sienten atraídas hacia usted, por su energía y vitalidad. Sus relaciones interpersonales y sus negocios mejoran. ¿Desaparecerán sus problemas como por arte de magia? No, pero usted estará encaminado en la dirección de un importante principio. *Obtenemos de la vida lo que esperamos de ella.*

Puedo decirle por experiencia de primera mano que esta es una de esas cosas pequeñas que logran una gran diferencia. Hace unos 25 años, cuando alguien me preguntaba ¿Cómo está usted?, yo contestaba

> **Diga que está bien, o que le va bien y el destino escuchará sus palabras y las hará realidad.**
> **—Ella Wheeler Wilcox**

que estaba "bien", o "más o menos", con muy poca energía. ¿Sabe qué estaba haciendo en realidad? Estaba programándome para tener una relación "más o menos" con la gente, y para tener resultados "más o menos". Estaba programándome para tener una actitud y una vida "más o menos".

El transcurso de mi vida aprendí que no tenía que intentar vivir una vida "más o menos". De modo que empecé a cambiar mis respuestas y a decir con bastante energía "*¡Sensacional!*" Al principio, me sentía algo raro. Algunas personas me miraban como si me pasara algo. Pero después de una semana empezó a sonar más natural. Y me empecé a asombrar de cuán mejor me sentía y en cómo la gente se interesaba por hablar más conmigo.

Créame esto es maravilloso. No se necesita talento, dinero o una apariencia física fenomenal para tener una gran actitud. Usted simplemente necesita adquirir el hábito de ser energético, de dar respuestas positivas. Como consecuencia, obtendrá resultados maravillosos tal como a mí me ha sucedido.

¿Qué hay si no me siento bien?

Cuando hago mis presentaciones y le pido a mi auditorio que alguien responda de forma positivamente arrolladora a la pregunta ¿*Cómo está usted?*, casi siempre hay alguien que pregunta ¿"Y, qué hay si no me siento genial?, no quiero mentir a mis amigos o a mis compañeros de trabajo diciéndoles que todo está maravilloso cuando en realidad no es así".

Por favor, no me malinterprete. Yo también soy una persona que le da el valor más alto a la integridad y a decir la verdad. Sin embargo, permítame explicarle por qué, en este punto, considero que la cuestión no se trata de un asunto de faltar a la verdad.

Suponga por un momento que Sally se siente cansada. Cuando alguien en su lugar de trabajo le pregunta ¿Cómo está usted?, Sally quiere ser completamente honesta, por lo tanto contesta, "Estoy cansada". Lo que está sucediendo es ése momento es que Sally está reforzando la creencia de que está cansada. Como resultado de sus palabras, se sentirá aún más fatigada. Probablemente encogerá sus hombros y exhalará un suspiro. Lo más seguro es que Sally, a continuación tenga un día difícil y poco productivo.

Retomemos por un momento a la persona que le formuló la pregunta a Sally —quien debe estar lamentando haberla hecho. Esa persona también se siente mal. Después de todo, cuando alguien le dice a usted cuán cansado se siente, ¿se siente usted animado? ¡De ningún modo! Con solo escuchar la palabra "cansado" ya uno empieza a bostezar. Así que Sally se ha enfocado en una actitud negativa y ha contagiado a su colega.

> **Un día nublado nunca podrá vencer a una disposición soleada.**
> **—William Arthur**

Muy bien, digamos que Sally se va a casa después de ese día difícil y ahora se encuentra exhausta. Se deja caer en su silla favorita y abre el periódico para buscar la sección de los resultados de las loterías. Toma su billetera, compara el número del billete que ella compró y descubre que se ganó la lotería. ¿Qué cree usted que Sally va a hacer a continuación? Recuerde que está muy cansada. Usted y yo sabemos la reacción de Sally. Saltará de su silla y actuará como si estuviera en una clase de aeróbicos. Estará llena de energía y probablemente se mantendrá despierta celebrando toda la noche y, por supuesto, planeando lo que va a hacer con el dinero.

Pero un momento, hace menos de diez segundos Sally estaba exhausta. Sin embargo, ahora está llena de energía, como la de una quinceañera participante en una barra de porristas. ¿Qué sucedió en esos diez segundos que hicieron que una persona cambiara de estar completamente exhausta a tener un entusiasmo sin límite? ¿Recibió una inyección de vitamina B12 o algo similar?

No. ¡Su transformación fue en todo sentido, mental!

Ahora bien, con esto no estoy tratando de minimizar lo que Sally estaba experimentando. Su fatiga era real, pero no era tanto física sino mental. Así que, ¿estaba Sally diciendo la verdad cuándo dijo que estaba cansada? Pensándolo bien, aquello tenía muy poco que ver con la verdad. Era más bien un asunto de en lo que se estaba enfocando. Ella pudo haberse concentrado en sentirse cansada, esa era una opción; no obstante, también pudo haber pensado en las muchas bendiciones que tenía en su vida y sentirse afortunada y llena de energía.

Cómo nos sentimos, es con frecuencia un asunto subjetivo. Cuando nos decimos que estamos cansados, nos sentimos cansados. Pero cuando nos decimos que nos sentimos sensacionales, nos sentimos energizados. Como aprendimos en la lección 2, nos convertimos en lo que pensamos.

Responda con entusiasmo

Trate de experimentarlo durante el siguiente mes. Cuándo alguien le pregunte ¿Cómo está usted? – sea que se trate de alguien en el lugar de trabajo o del cajero en la tienda – responda con energía y entusiasmo ¡muy bien! o ¡sensacional! Dígalo con una sonrisa y con brillo en sus ojos. No importa que usted no se sienta completamente sensacional en ese momento. Únicamente actué bajo el principio "Actúe como si..".. En otras palabras, si usted desea ser más positivo actúe como si ya lo estuviera y muy pronto encontrará que, de hecho, ¡estará más positivo!

No se preocupe si al principio se siente un poco incómodo al decir estas palabras. Acostúmbrese a ellas y con el tiempo le serán naturales. Notará que cada vez se siente mejor y que las demás personas desearán estar a su lado ¡Los resultados positivos no se harán esperar!

A propósito, ¿Cómo está usted?

Casi puedo escuchar ¡S–E–N–S–A–C–I–O–N–A–L!

LECCIÓN 8

DEJE DE LAMENTARSE

"Tal como un bebé crece cuando se le dispensan
cuidados, así crecerán nuestros problemas
si nos dedicamos a ellos".
—**Lady Holland**

¿Cómo se siente usted cuando alguien le descarga todos sus problemas y lamentaciones? No muy positivo ni energizado, ¿no es así? La verdad es que a nadie le gusta estar al lado de personas que se anden quejando de su situación en la vida.

Por supuesto, todos nos lamentamos alguna vez, pero quizás la pregunta importante es: ¿Con cuánta frecuencia se lamenta usted? Si no está muy seguro de la respuesta pregúntele eso a un amigo, a un familiar o a un compañero de trabajo.

Ahora bien, cuando yo digo "lamentarse", no estoy hablando de las ocasiones en las que usted cuenta sus problemas con miras a buscar soluciones. Eso, de hecho, es constructivo y recomendable. Tampoco me estoy refiriendo a las ocasiones en las que cuenta a sus amigos o parientes las experiencias vividas (lo que incluye también las desilusiones) en un contexto de ponerlos al tanto de lo que ha pasado en su vida. Después de todo el compartir experiencias y el brindar apoyo hace parte de la esencia humana.

Nadie desea escuchar dolores y aflicciones

Los ejemplos a continuación explican muy bien la clase de quejas que son contraproducentes. Uno de los ámbitos más comunes donde se escuchan quejas es en el área de la salud.

Encontramos comentarios tales como: "Mi espalda me está matando". O "Tengo un dolor de cabeza espantoso". Peor aún, algunas personas son muy gráficas en la forma como describen los detalles de alguna dolencia en particular. Indudablemente a nadie le alegra el día escuchar este tipo de descripciones.

Seamos francos, ¿qué puedo hacer yo por alguien que tenga dolor de espalda? Yo no soy médico. El consejo más prudente en ese caso sería: "Vaya al médico". Pero en esa situación bien vale la pena preguntarse *¿por qué* está diciendo esto la persona? Quizás desee recibir un poco de empatía. Pero todo lo que está haciendo es confirmar su propio sufrimiento. Hablar de dolencias y padecimientos sólo traerá más de lo mismo y hará que los que están a su alrededor quieran irse de su lado.

> **La autocompasión es un ácido que corroe la felicidad.**
> **—Earl Nightingale**

Cuando el tema son las quejas de salud *el principio de escalamiento* siempre alcanza el punto más alto. Así es como funciona: usted le cuenta a un amigo lo severa que fue su última gripa. Su amigo lo interrumpe y le dice que eso no es nada, que "en mi última gripa tuve una fiebre de casi 40 grados y me tuvieron que llevar al hospital. Casi me muero". Dígale a alguien que su pie o su espalda le duele y vea cuantos *segundos* le tomará a esa persona hablar de su propio pie o espalda. A las personas que se lamentan les gusta jugar ese juego —su dolor siempre es peor que el nuestro.

No deje que se le agüe la fiesta

Otro ámbito en el que la gente suele quejarse es el del clima. Empieza a llover y la gente dice: "Qué pésimo día". Pero pode—mos preguntar, ¿por qué un poco de humedad de las nubes lo hacen pésimo? Cuando alguien me hace ese comentario a mí, suelo responder: "Está mojado afuera —¡pero es un gran día!" Cuando la gente asocia la lluvia con un "día pésimo", se está programando de forma negativa. Además, las quejas por la lluvia no hacen que el clima cambie. No tiene sentido amargarse por cosas de las cuales uno no tiene control, y que como en este caso, no tienen un impacto significativo en la vida.

Por último están las quejas simples tales como: "El mesero se demoró cinco minutos para tomar mi pedido" o "A Juan le asignaron una oficina con una ventana más grande que la mía". La vida nos presenta muchos desafíos grandes para detenernos en cosas tan simples. Y cuando uno se detiene en pequeñeces eso también dice mucho de nosotros mismos. Si yo fuera un empleador o miembro de un equipo de trabajo, me preguntaría cómo reaccionaría cierto individuo que se detuviera en cosas insignificantes si él realmente tuviera un verdadero problema del cual preocuparse.

Tenía todas las razones para lamentarse

Hace varios años estaba en mi oficina pensando en las cosas que no habían resultado como las había planeado. Estoy hablando de los problemas de negocio típicos; por ejemplo, resultados que no se habían obtenido como esperaba, y confieso que me estaba quejando al respecto. En ese momento entró Pedro a la oficina. Pedro, un adulto joven había llegado a los Estados Unidos hacía unos ocho años proveniente de su país natal, Honduras. Traba—jaba para una compañía que limpiaba casas y oficinas. Cuando uno habla de tener una actitud positiva, él es una de las personas más positivas que he conocido en mi vida —siempre sonriente y optimista.

Aquel día le pregunté a Pedro sobre el huracán Mitch y los estragos que había causado en el país. Su sonrisa se detuvo inmediatamente. Me habló de la devastación que el huracán había generado. Miles de personas murieron y más de un millón perdieron su hogar.

Pedro comentó que en esa época del huracán, su padre, su madre y su hermano vivían en Honduras; sin embargo, él no tenía idea si habían sobrevivido al desastre pues no tenía forma de contactarlos. Las líneas telefónicas del lugar habían quedado destruidas y él pensaba en su familia todo el tiempo.

¿Se imagina usted la agonía de no saber si su familia todavía continuaba con vida?

No obstante, Pedro pasó a contarme acerca de las cosas que estaba haciendo para ayudar a la gente de su país. Estaba trabajando con organizaciones de socorro reuniendo dinero, ropa y otros artículos para poder enviarlos allí. En vez de sumergirse en el problema, estaba haciendo todo lo que estaba a su alcance para contribuir a mejorar la situación.

> **El secreto de la felicidad está en contar las bendiciones cuando otros sólo cuentan sus desdichas.**
> **—William Penn**

Después de hablar con él, me empecé a dar cuenta de lo poco trascendentales que eran mis problemas y de lo afortunado que he sido. Créame, en ése momento dejé de lamentarme. Ése día continué mis actividades con energías renovadas y una actitud mucho mejor.

A propósito, varias semanas después volví a ver a Pedro. Y, por cierto, tenía su usual sonrisa de ganador y su gran actitud. Tenía buenas noticias porque su familia había sobrevivido, aunque habían perdido todo en la inundación, y, por lo pronto, estaban viviendo en un albergue temporal, con muy poca agua potable y condiciones de salubridad muy difíciles. Yo no puedo siquiera imaginar lo que es perderlo todo y tener que empezar completamente de nuevo, especialmente en ese tipo de condiciones.

No hay duda de que Pedro tenía todas las razones para lamentarse por la mala situación de su familia. Pero no lo hizo. Él comprendió que aquello sería una pérdida de tiempo y de energías. ¡Gracias Pedro por recordarnos que lamentarnos no es la respuesta para enfrentarlos desafíos en la vida!

Viendo las cosas desde su perspectiva correcta

Hay otra lección valiosa que podemos aprender de Pedro. Es la de mantener las cosas en su debida perspectiva. A través de los años he observado que aquellos que se lamentan, pierden la perspectiva

correcta. Tienden a ver sus problemas de forma desproporcionada. En
cambio, las personas optimistas, las
que tienen una gran actitud, tienden
a tener un sentido muy alto de valo-
ración de lo que es verdaderamente
importante en la vida.

El diccionario define perspectiva como la "capacidad de ver las
cosas en su verdadera dimensión
o importancia relativa". Piense en
las personas que conoce. ¿Sabe de
alguien que se suele salir de casillas

> **Reflexione sobre sus bendiciones, de las cuales todas las personas disfrutan en abundancia; y no se abrume por sus desilusiones pasadas, de las cuales todas las personas tienen sólo algunas.**
> **—Charles Dickens**

cuando se pincha un neumático de su automóvil? ¿Qué hay
de los que rompen vínculos familiares por una disputa en los
preparativos de una boda? Es evidente que esas personas han
perdido de vista la "importancia relativa" de las cosas.

Considere el caso de Eddie Rickenbacker, quien luego de que
su embarcación naufragara, estuvo perdido 21 días en el Pacífico
en un bote salvavidas. Después de sobrevivir a aquella terrible
pesadilla, Rickenbacker dijo: "Si usted tiene a su disposición
toda el agua dulce para beber y todo el alimento necesario para
consumir, no debería lamentarse de nada".

Ahora, permítame compartir con usted algunas de las cosas
por las cuales me siento agradecido:

1. Tengo buena salud.
2. Dolores tiene buena salud.
3. Tenemos nuestra propia casa.
4. Tenemos alimento suficiente para comer y agua potable
   para beber.
5. Vivimos en un país libre.
6. Me encanta mi trabajo.
7. Puedo viajar y conocer gente fascinante.
8. Tengo muchos amigos leales.

> **Una persona demasiado envuelta en sus propios problemas es semejante a una persona que lleva demasiada ropa encima.**
> **—Kate Halverson**

Esta es tan solo una lista parcial de los logros que he alcanzado en mi vida, y, ¿sabe qué? Aún con todas esas cosas maravillosas hay ocasiones en las que empiezo a darlas por sentado. Sin embargo, en esos momentos he aprendido a sintonizarme nuevamente con esos logros, lo cual me ayuda a incentivar mi actitud y a poner de nuevo las cosas en su debido lugar.

Así que, ¿de qué se ha estado lamentando usted últimamente? ¿Son asuntos de vida o muerte? La próxima vez que se sienta tentado a quejarse de sus problemas, tome lápiz y papel y haga una lista de las razones que tiene para estar agradecido. Permítame asegurarlo, ¡eso sobrepasará todos sus problemas!

Sea una fuente de noticias positivas

Con lo anterior, no estoy sugiriendo que deba cruzarse de brazos e ignorar todos sus problemas. No obstante, en vez de lamentarse, es mucho mejor centrar toda su atención y energías en lo que le ayudará a resolver, o por lo menos a atenuar el problema. Por ejemplo, digamos que usted se siente un poco cansado últimamente. En vez de decirle a todo el mundo lo cansado que se siente, haga un esfuerzo por hacer ejercicio de forma regular o busque el tiempo para descansar más.

A manera de repaso: Las quejas le perjudican al menos de tres maneras. En primer lugar, nadie quiere escuchar noticias negativas sobre la salud u otros temas. En segundo lugar, el quejarse refuerza su propio dolor e incomodidad. Así que, ¿para qué andar recordando cosas negativas? Y, por último, el lamentarse, en sí mismo no obra nada provechoso y en cambio lo distrae de iniciar acciones constructivas que le pueden ayudar a mejorar su situación.

Se suele decir que al 90% de la gente no le interesan sus problemas, y que al restante 10% le alegra que usted los tenga. Un poco jocoso lo anterior, pero hablando en serio, todos podemos decidir no quejarnos más. De ahora en adelante hagámonos un favor a nosotros mismos, y hagámosle un favor a los demás haciendo que nuestras conversaciones sean constructivas y animadas.

Es un deleite estar rodeado de personas que no se lamentan con frecuencia y que se esfuerzan por hablar positivamente. Decida unirse a ese grupo —así las personas disfrutarán de su compañía y querrán siempre estar al lado suyo.

parte 3

El éxito busca a los que actúan

Nada sucede porque sí. Todo ocurrirá como lo desee, una vez haya entendido que es usted, quien por sus propios esfuerzos, tiene que hacer que suceda.
—Ben Stein

LECCIÓN 9

ASÓCIESE CON PERSONAS POSITIVAS

"Un espejo refleja el rostro de un hombre,
pero lo que él realmente sea, se demuestra
por la clase de amigos que escoja".

—Anónimo

Durante la secundaria Mike solía pasar mucho tiempo con un grupo de jóvenes del vecindario. Según Mike, a esos chicos les gustaba simplemente sentarse en la baranda del frente y ver pasar los automóviles. No tenían ni metas ni sueños. Siempre fueron muy negativos.

Cuando Mike les sugería hacer algo nuevo, los chicos lo disuadían y le decían: "Es tonto hacerlo" o "No vale la pena". A Mike le gustaba pasársela con ellos; así podía ser parte del grupo.

Mike empezó a asistir a la universidad y todavía se asociaba con estos muchachos. Sin embargo, conoció gente positiva, gente que quería aprender, que quería alcanzar metas. Por lo tanto, decidió pasar el tiempo con personas positivas. Casi inmediatamente, Mike empezó a sentirse mucho mejor consigo mismo. Empezó a desarrollar una gran actitud y a establecer metas.

En la actualidad, Mike tiene una empresa de producción de videos muy exitosa y una familia maravillosa. Ha ido alcanzando una a una las metas que se ha propuesto. Cuando le pregunté qué había pasado con sus antiguos compañeros del vecindario, me dijo: "Todavía viven en el mismo lugar. Todavía son negativos. Y todavía siguen haciendo nada con sus vidas".

Mike agregó: *"Nunca estaría donde estoy ahora si hubiera continuado asociándome con esos muchachos. Todavía estaría en la misma esquina jugando Pinball".*

La experiencia de Mike constituye un buen recordatorio acerca de la influencia que tienen otros en nuestras vidas. Sin embargo, con frecuencia creamos el hábito de estar con ciertas personas, y muchas veces no medimos las consecuencias.

Bien lo afirma el dicho popular: "Dime con quién andas y te diré quién eres". Hay muchísima sabiduría en este dicho. ¿Ha pensado alguna vez en cómo lo implicado en él, ha tenido que ver con el desarrollo de su vida?

Piense por un momento en el tiempo en que usted crecía. ¿Recuerda cuánto se preocupaban sus padres por saber con quiénes estaba usted? En mi caso, mi padre y mi madre siempre deseaban conocer a mis amigos y saber cuanto pudieran acerca de ellos. ¿Por qué? Porque ellos sabían la profunda influencia que mis compañías podían tener en mí. Sabían que yo tendería a adoptar sus hábitos y costumbres. Ciertamente la preocupación de mis padres era bien intencionada. Le apuesto que si usted tiene hijos, vigila cuidadosamente a sus amigos. Esto es porque reconoce la influencia que tienen estos niños en sus hijos.

Personas tóxicas y personas nutritivas

En la literatura de hoy en día encontramos expresiones como personas tóxicas y personas nutritivas. Por supuesto, las personas tóxicas son aquellas que siempre están pensando de forma negativa. El diccionario define lo tóxico como algo que es "venenoso". Las personas tóxicas con frecuencia esparcen su lenguaje como veneno. En contraste, el diccionario define nutritivo como lo que "promueve el crecimiento". Las personas nutritivas son positivas y comprensivas. Hacen que el estado de ánimo se eleve y es un placer estar al lado de ellas.

> **Nos hacemos parte de lo que estamos rodeados.**
> **—Anónimo**

Por otra parte, las personas tóxicas tratan de arrastrar a otros al nivel de ellos. Con frecuencia contrapuntean sobre las cosas que uno no puede hacer bien o que son imposibles. Lo inundan a uno con declaraciones pesimistas acerca de la economía, los problemas de su vida, o los problemas que uno pudiera encarar y las perspectivas negativas sobre el futuro. No dude de que le van a hablar de sus dolores y enfermedades.

Después de escuchar a una persona tóxica uno se siente ahogado y consternado. El conferencista en temas de motivación los describe como "mata sueños". El psicólogo Jack Canfield se refiere a ellos como "vampiros roba energía" ya que consumen toda su energía positiva. ¿Alguna vez ha estado con alguien negativo y ha sentido como si esa persona le estuviera quitando su energía? Creo que todos hemos tenido esa experiencia varias veces. Una cosa es segura: pase algún tiempo con personas tóxicas y se sentirá desgastado.

Por otra parte, ¿cómo se siente cuando está rodeado de personas positivas, entusiastas y comprensivas? ¿No es verdad que se siente lleno de energía y de inspiración? Hay algo verdaderamente sorprendente con respecto a la gente optimista. Parecen tener una energía positiva que ilumina su entorno. Cuando usted está con ellas, se contagia y siente fuerzas renovadas para perseverar vigorosamente en sus metas.

Cuando pienso en personas positivas, inmediatamente pienso en mi amigo John Lisicich. Cuando hablo con John siento que puedo conquistar el mundo. Él es la persona más positiva que usted pueda conocer.

Yo suelo considerarme a mí mismo como una persona muy positiva. En la escala de 1–10, siendo 10 el más positivo, probablemente me catalogaría en 9.5. No obstante, ¡a John Lisicich lo calificaría en 14! Sencillamente rompe el récord. Siempre se ve positivo y lleno de entusiasmo. Si alguien se cruza en su camino puede estar seguro de que recibirá una altísima dosis de motivación. Su actitud inspira a la gente a la grandeza. ¿Percibe usted cuánto puede mejorar la actitud cuando se tiene a un amigo como John?

Esas canciones ridículas en la radio

Supongo que le ha sucedido muchas veces. Usted escucha una canción en la radio y piensa: "Qué canción tan ridícula". Más tarde escucha la canción nuevamente. Así sucede de nuevo al día siguiente. A medida que la canción va subiendo en las listas usted empieza a familiarizarse con ella. La escucha varias veces durante la siguiente semana.

Entonces algo sorprendente ocurre. Usted está en casa y de repente empieza a tararear esa canción. Si en ese momento yo le interrumpiera y le preguntara qué piensa de la canción, seguramente me diría: "Es horrible". Entonces, ¿por qué está tarareándola? La respuestas es, lo que escuchamos vez tras vez, se graba rápidamente en nuestra memoria.

Como usted también lo sabe, una vez que la canción empieza a perder popularidad y deja de sonar en las estaciones de radio, pensará menos en ella (y la tarareará menos). Aquí hay una lección importante. La mente tiende a discurrir en lo que se dice repetidamente una y otra vez. Infortunadamente la mente no escoge los mensajes que son buenos para nosotros y los que son perjudiciales. Si escuchamos algo con suficiente frecuencia, tenderemos a creerlo y a actuar en consecuencia con ello. Tal como una canción que escuchamos muchas veces nos hace terminar pensando en ella, así también nuestros pensamientos repetitivos sobre el éxito nos harán positivos porque pensamos en el éxito.

> **Sus amigos expandirán su visión o sofocarán sus sueños.**
> **—Anónimo**

Así, si nos aseguramos de nutrir nuestra mente con mensajes positivos, nos haremos más positivos, y nos proyectaremos hacia delante con valor para alcanzar nuestras metas. Mientras más positivo sea el refuerzo, mucho mejor. Y, ¿de dónde obtendremos dicho refuerzo positivo? Bueno, una manera es leyendo libros sobre motivación. ¡Felicitaciones, porque usted lo está haciendo en este mismo instante! También se pueden escuchar programas sobre motivación en formato de audio. Y por supuesto, ¡dedique tiempo a estar con personas positivas!

La teoría de la esponja de Smokey

También he aprendido mucho en temas de actitud y de la importancia de rodearme de personas positivas de mi amigo Glen "Smokey" Stover. Smokey trabajó en ventas durante 45 años en la industria de los cementerios y los funerales. Aunque este campo suena un poco triste, déjeme asegurarle que Smokey es un generador de optimismo. Cada vez que cuelgo el teléfono luego de hablar con él, me siento fenomenal.

Smokey me explicó que los seres humanos somos como las esponjas. "Absorbemos" lo que dice la gente a nuestro alrededor. De modo que si pasamos un tiempo con una persona negativa, absorbemos lo que es negativo, lo cual afecta nuestra actitud. Por supuesto, lo contrario también es cierto. Cuando nos rodeamos de personas positivas, absorbemos lo positivo. Nos sentimos mejor y nuestro desempeño es mejor.

En una ocasión le pregunté a Smokey: "¿Qué debo hacer si me encuentro con una persona negativa?"

Él contestó: "Si eso me pasa a mí, me retiro de esa persona tan pronto como pueda. Digo algo así como: "Bien, qué bueno verte, Charlie", y a continuación busco a otra persona".

Entonces le pregunté a Charlie: "¿Alguna vez tuviste algún amigo que fuera negativo?"

Sí, pero no por mucho tiempo.

¡Bien hecho, Smokey!

Evalúe sus amistades

Resulta imprescindible que, de vez en cuando, evalúe sus amistades; aún aquellas que ha mantenido por años. Créame, este no es un asunto intrascendente. Aquellas personas que ocupan su tiempo tienen un impacto significativo en su posesión más preciosa —¡*su mente!*

¿Se rodea de amigos negativos y pasa mucho tiempo con ellos en sus ratos libres? Si la respuesta a esta pregunta es afirmativa, voy a solicitarle que considere la posibilidad de pasar menos tiempo con ellos —o mejor aún— que deje de asociarse con ellos.

Suena bastante duro, ¿no es así?, pues posiblemente le estoy sugiriendo que limite —o elimine— su asociación con amigos de vieja data. Cuando digo esto en mis seminarios, invariable—mente alguien siempre levanta la mano y me acusa de ser frío o desconsiderado. La persona suele decir: "¿No deberíamos, más bien, ayudar a nuestros amigos negativos en vez de alejarlos de nuestras vidas?"

Bueno, cada caso en particular deberá ser evaluado de acuerdo a sus circunstancias personales. Sin embargo, lo que yo he descubierto es que, en la mayoría de los casos, el apegar—se a amigos negativos no resulta muy provechoso, tanto para usted, como para ellos, pues, en general, las personas negativas no desean cambiar. Sencillamente quieren tener a alguien que les escuche sus historias de desgracia.

> **¿Están las cosas a su alrededor encaminán-dolo hacia el éxito, o reteniéndolo?**
> **—W. Clement Stone**

Por otra parte, si por alguna razón usted siente un deseo in—tenso por asociarse con personas negativas, sería bueno preguntarse: "¿Por qué escojo yo este tipo de compañías?" Conciente o incons—cientemente usted podría estar es—cogiendo detenerse para alcanzar el éxito o de llegar a desarrollar todo su potencial.

A propósito, considero que es maravilloso intentar ayudar a alguien a vencer su negatividad. Sin embargo, si usted lo ha estado intentando durante varios años y no lo ha alcanzado, tal vez sea tiempo de ir en otra dirección.

En este momento deseo aclarar un aspecto importante. En ningún momento aquí estoy emitiendo juicios diciendo que las personas negativas son en algún sentido menos merecedoras que las demás. Más bien, estoy señalando las consecuencias que resultan de asociarse con ellas. ¿Cuáles son estas? Que usted será menos feliz y menos exitoso de lo que podría llegar a ser.

Parientes tóxicos

¿Qué puede hacer uno si sucede que tiene parientes tóxicos? Obviamente este es un asunto sensible. Lo que yo recomiendo es no dar la espalda a los familiares. Los vínculos familiares son preciosos, y pienso que uno debe hacer todo el esfuerzo por mantener relaciones de familia armoniosas.

También recomiendo ejercer algunas medidas para reducir el impacto que sus parientes tóxicos puedan tener en su vida. Usted no debe abandonarlos ni mucho menos dejar de hablarles, pero sí puede poner algunos límites para involucrarse con ellos.

Por ejemplo, si usted tiene parientes negativos, le sugiero que no los llame varias veces al día si sabe que lo van a estar criticando o menospreciando a cada momento. ¿Hay algo bueno que se pudiera derivar de ello? Estamos bombardeados de suficiente negatividad por parte de la radio, la televisión o los periódicos. ¿Necesitamos recibir más noticias negativas por parte de nuestros parientes?

También quisiera compartir otra sugerencia que funciona de la misma manera con un pariente o un conocido. Cuando la conversación gire a un terreno negativo, resista la tentación de acusar a la otra persona de ser negativa. Aquello empeorará las cosas. Más bien, de forma amable, gire la conversación a un tema más positivo.

Recuerde que no estoy diciendo que deba menospreciar a sus parientes o que deba rehusarse a cumplir con sus deberes familiares. Más bien, la sugerencia es que controle su contacto con ellos de modo que su negatividad no llegue a afectarle a usted.

El lugar de trabajo y las personas positivas

En casi todas las empresas existen personas negativas. En ocasiones tendrá que interactuar y trabajar al lado con esa cla—

se de personas. Sin embargo, no se debe pasar más tiempo del necesario con los proclamadores del pesimismo y la decadencia.

Por ejemplo, si usted usualmente va a almorzar con compañeros de trabajo negativos, deje de hacerlo. Todo lo que ellos están haciendo es llenar su mente con negatividad. Usted no podrá desempeñarse al máximo de su potencial si permite que tales personas arrojen en su mente la basura de su negativismo. Sin embargo, no es necesario ser desagradable con ellos. Más bien, encuentre una manera educada de distanciarse de ellos y de esas influencias que lo perjudican.

> **Los buenos amigos son buenos para su salud.**
> **—Dr. Irwin Sarason**

Mejor aún, tome la iniciativa, sea proactivo. Tal vez necesite hacer algunos cambios como almorzar en su escritorio o salir con un cliente a almorzar, o sentarse con otras personas en el restaurante. Haga lo que sea necesario para que su almuerzo se convierta en una experiencia *positiva*.

No hay duda de ello. La gente positiva es bienvenida en cualquier organización; la gente negativa estropea las posibilidades de logro. El problema de los trabajadores negativos ha empeorado tanto que recientemente recibí por correo un folleto que anunciaba un seminario de dos días de duración titulado "Cómo despedir legalmente a empleados con problemas de actitud".

La comunidad empresarial está despertando al hecho de que cuando se trata de productividad en el lugar de empleo, *¡La actitud lo es todo!*

Escoja a sus amigos con prudencia

Como lo expresé al inicio de esta lección: "Dime con quién andas y te diré quién eres". Cuando se trata de obtener un aumento en el salario o de ser promovido en el lugar de trabajo, lograr el éxito en un negocio propio o mejorar como ser humano, las amistades que uno tenga juegan un papel importante.

Uno debe empezar a asociarse con las personas que lo ayudarán a llegar al siguiente nivel.

A medida que uno aumenta su asociación con personas "nutritivas" se siente mejor y renueva sus energías para alcanzar sus metas. Uno llega a ser más positivo y optimista —la clase de persona que otros disfrutan de su compañía. Antes solía pensar que era importante asociarse con personas positivas y limitar el trato con personas negativas. Ahora, creo que si se quiere ser un individuo eficiente y feliz, eso es esencial.

Así que, rodéese de personas positivas, "nutritivas" —ellas le ayudarán a ascender en la escalera al éxito.

LECCIÓN 10

ENFRENTE SUS TEMORES Y CREZCA

"Atrévase a hacer las cosas que siempre
ha temido; cuando las haga, sus temores
se habrán desvanecido".
—**Ralph Waldo Emerson**

Cuando me senté para escuchar al orador en temas de
motivación Gil Eagles, poco imaginaba que iba escuchar
una frase que cambiaría mi vida.

Ese día, Gil Eagles pronunció un maravilloso discurso. Tenía
cosas valiosísimas que decir. Pero hubo una frase, una absoluta
gema —que quedó retumbando en mi mente. Esto fue lo que
él dijo:

*"Si usted quiere alcanzar el éxito, entonces tendrá que estar dispuesto
a soportar la incomodidad".*

Nunca olvidaré esas palabras. Gil tenía toda la razón. Para
alcanzar las metas y desarrollar su potencial, uno tiene que estar
dispuesto a aguantar la *incomodidad* —hacer cosas que le da miedo
hacer. ¡Así es como uno desarrolla su potencial!

Suena bastante simple, ¿no es verdad? Y sin embargo, ¿qué
hace la mayoría de la gente cuando
enfrenta una situación sobrecoge-
dora o un nuevo reto? Se retira por
temor. No actúan. Yo lo sé porque
eso fue lo que hice durante los
primeros treinta años de mi vida.
Y puedo decirle, sin ninguna vacilación, que esa es una estrategia
de perdedores.

> **Nada en la vida es para
> ser temido; sólo para
> ser entendido.**
> **—Marie Curie**

Muéstreme a una persona exitosa y yo le diré que esa per—
sona es alguien que enfrenta sus temores y emprende la acción.

Examinemos nuestros temores

¿Alguna vez ha estado asustado o nervioso antes de intentar
una nueva actividad? ¿El temor le ha impedido actuar? Todos
nos hemos sentido paralizados por el temor en algún momento
en nuestras vidas. A mi me ha sucedido. Aquello es simplemente
parte de la naturaleza humana.

Por supuesto, cada persona tiene un umbral de temor distinto.
Lo que asusta a una persona hasta el límite puede tener poco o
nada de impacto en otra. Por ejemplo, para algunos es aterrador
hablar en público o comenzar un negocio nuevo. Otros, temen
pedir instrucciones a alguien o concertar una cita. Sin importar
cuan triviales o simples le parezcan algunos de sus temores, esta
lección es para usted.

Cuando hablo de temor, no me estoy refiriendo a los riesgos
físicos que pudieran causarle daño o poner en riesgo su salud,
tal como practicar clavadismo en los peñascos de Acapulco o
practicar *bungee jumping*. Yo también temo esas cosas y no tengo
planes de practicar ninguna de ellas. De lo que yo estoy hablando
aquí es de aquellos desafíos que se presentan en el camino del
crecimiento personal. De las cosas que lo asustan, pero que uno
sabe que es necesario superar para poder salir adelante en la vida.

La zona cómoda

Cuando el miedo y la ansiedad se apoderan de usted, es por—
que están invadiendo la zona cómoda. Tomemos unos instantes
para considerar este concepto tan importante y la forma como
está relacionado con el éxito y el desarrollo de su potencial.

Todos nosotros tenemos una zona cómoda, un área de com—
portamiento que nos es familiar y donde nos sentimos bien y
seguros. Piense en la zona cómoda como cuando está dentro de
un círculo seguro.

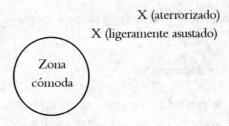

X (aterrorizado)

X (ligeramente asustado)

Zona cómoda

Las actividades y situaciones que acontecen dentro del círculo, son familiares y no representan ninguna amenaza. Son las cosas rutinarias, que hacen parte de la vida diaria, cosas que se hacen sin ningún esfuerzo. En esta categoría se encuentran actividades como hablar con los amigos o compañeros de trabajo o llenar los formularios en la oficina.

Sin embargo, hay ocasiones en las que uno debe enfrentar experiencias y desafíos que se hallan fuera de la zona de confort. Estás se representan por la X en el diagrama adjunto. Mientras más lejos se halle la X del círculo, más temor se sentirá de participar en esa actividad.

Cuando alguien tiene que hacer algo fuera de la zona de confort se siente nervioso. Las manos le empiezan a sudar y el corazón palpita con más fuerza. El individuo empieza a preguntarse:

"¿Podré manejarlo?"

"¿Se burlarán de mí?"

"¿Qué dirán mis amigos y familiares?"

Cuando usted mira el diagrama, ¿qué representa esa X para usted? En otras palabras, ¿qué temor le está reteniendo de alcanzar el siguiente nivel de realización en su vida?

¿Es el temor de abordar nuevos clientes?

¿Es el temor de cambiar de carrera?

¿Es el temor de aprender nuevas técnicas?

¿Es el temor de volver a estudiar?

¿Es el temor de expresar a otros lo que siente?

¿Es el temor de hablar en público?

No importa qué sea lo que esa X represente. El punto es que debemos reconocer que existe. Es posible que miles, si no, millones de personas tengan el mismo temor que usted enfrenta.

En efecto, demos una mirada más de cerca a lo que la mayoría de gente teme.

Los temores más comunes

En muchas de mis presentaciones, distribuyo tarjetas a los miembros de la audiencia y les pido que escriban, de manera anónima, una lista con los temores que enfrentan en el ámbito personal y profesional. Luego, recojo las tarjetas y las leo en voz alta.

¿Qué cree usted que escribe la gente en esas tarjetas? En la mayoría de los grupos, sin importar la profesión o la zona de ubicación geográfica, surgen los mismos contenidos, una y otra vez. A continuación describo los temas más comunes:

1. *Hablar o hacer presentaciones en público.* Casi en todos los grupos este es el temor número uno. A la gran mayoría le aterroriza la idea de hablar ante un grupo de personas.

2. *Escuchar la palabra "NO" o que sus ideas sean rechazadas.* Esta respuesta es muy común entre los representantes de ventas, especialmente en los que hacen telemercadeo.

3. *Cambiar de trabajo o iniciar su propio negocio.* En los últimos años esta inquietud se ha incrementado considerablemente. Muchos trabajadores insatisfechos en la América de hoy an—helan un entorno de trabajo más satisfactorio, sin embargo, les asusta la idea cuando de hacer algo se trata.

4. *Contarle a los gerentes o ejecutivos "malas noticias" (lo que ellos no quieren escuchar).* Esta se explica sola.

5. *Hablar con la alta gerencia.* A muchos de los empleados de mandos subordinados les aterroriza hablar con los ejecutivos de la compañía. Muchos titubean para hablar hasta de cosas triviales con el presidente de la organización, por temor a parecer tontos o a decir algo torpe.

6. *Temor al fracaso.* Están aquellos que no intentan nada nuevo por temor de que no funcione. (Consideraremos más a fondo este tema en la lección 11).

Y bien, ¿le sorprende alguno de los temas de la lista? ¿Está experimentando alguno de esos temores en la actualidad o los ha tenido en el pasado? La verdad es que la inmensa mayoría de las personas experimentan estos temores en algún momento en sus vidas.

Por otra parte, si usted experimenta algún temor que no aparezca en la lista, no se preocupe. Usted es más fuerte que cualquiera de sus temores... ¡y *puede* vencerlos!

El "beneficio" de retroceder ante los temores

Cuando se enfrentan a un evento que produce angustia la mayoría de las personas se retraen para evitar el temor y la ansiedad. Eso es lo que yo solía hacer. El retraerse lo alivia a uno del temor y la ansiedad que se hubiera producido si se hubiera seguido adelante con la actividad. Por ejemplo, si alguien le pidiera que hiciera una presentación dentro de la compañía y usted declinara, eso le ahorraría a usted noches sin dormir de las cuales se hubiera tenido que preocupar, y del nerviosismo que experimentaría los días antes de la presentación.

De hecho, he llegado a la conclusión de que el único beneficio que uno obtiene al retraerse es, en realidad, escapar por un momento de la ansiedad.

Piense en ello por un momento, ¿puede usted mencionar algún otro beneficio que la gente obtenga por no enfrentar sus temores? He hecho esa misma pregunta a miles de personas, y nadie ha podido mencionar siquiera algún otro beneficio. Y esto es por una buena razón —¡no existe!

El precio que se paga

Ahora quiero que piense seriamente en lo que sucede cuando usted se retrae por causa de los temores que se le atraviesan en el camino. Este es el precio que se paga:

Se disminuye su autoestima.

Se experimenta impotencia y frustración.

Se sabotea su camino al éxito.

Se vive una vida pasmada y aburrida.

¿Vale la pena pagar este precio por evitar el temor y la ansie—dad a corto plazo? Para evitar la molestia y la posibilidad de hacer el ridículo ante otros, muchos están dispuestos a pagar ese precio.

Pero, créanme amigos, eso es nocivo. A largo plazo, retraerse no es la mejor forma de manejar un asunto. Usted nunca será altamente exitoso ni desarrollará sus talentos plenamente si no está dispuesto a enfrentar sus temores.

Mi estrategia en la secundaria

Cuando estaba en la secundaria era un poco tímido y no era muy seguro de mí mismo. En mi aspecto físico no era Tom Cruise, pero creo que no estaba mal. Nunca nadie me rechazó para salir a una cita.

Mi estrategia fue muy simple. Nunca concerté una cita. Verán, pensaba que no iba a dejar que nadie me rechazara. ¿Y qué logré con ello? Me sentía terrible conmigo mismo, impotente. No tenía vida social. Así, sólo estaba perjudicando mi propio éxito.

Dado que rehusé enfrentar mi temor, permanecí en la sombra, mientras que todos mis amigos y compañeros de estudio concertaban citas. ¿El balance? Bastante negativo. Sólo por si se lo está preguntando, durante ese periodo sí tuve unas cuantas citas, pero sólo cuando otras personas hacían los arreglos por mí. Y eso me pasó por pensar que no iba a permitir que nadie me dijera "NO". En realidad, era yo quien me estaba diciendo "NO" a mí mismo.

Mi estrategia de retraerme por causa de mis propios temores obró en mi contra. Es posible que si le hubiera pedido a algunas chicas en la secundaria que saliéramos juntos, unas cuantas habrían dicho "NO".

> **Quien pierde riquezas, pierde mucho; quien pierde a un amigo, pierde mucho más; pero quien pierde la valentía lo pierde todo.**
> **—Miguel de Cervantes**

Sin embargo, no habría muerto por ello. Hubiera insistido con otras personas hasta que hubiera recibido un "SÍ".

No fue sino hasta que entré a la universidad cuando empecé a dar "pasos de bebé" para enfrentar este temor. Poco a poco obtuve confianza y en la facultad de derecho, tuve la inmensa fortuna de conocer a Dolores, ¡y ya hemos estado casados por treinta años!

Una vida nueva

La verdad es que yo no soy diferente a usted. Tengo mis temores, como usted también los tiene. Cuando miro en retrospectiva los primeros treinta años de mi vida, ¿sabe lo que veo? Veo a alguien que alcanzó una medida de éxito como abogado. Pero también veo a alguien que era tímido, inseguro, asustadizo, y muy autoconsciente. ¿Armoniza eso con alguien que sea un conferencista en temas de motivación?

Lo que hizo que mi vida cambiara, y la mejoró millones de veces, es que aprendí a enfrentar mis temores y a emprender la acción. Comprendí, luego de años de desilusiones y de frustración, que esquivar mis temores no me estaba llevando a ninguna parte y que nunca lograría nada provechoso con ello.

Por supuesto, nunca hubiera enfrentado mis temores, si en primer lugar, no hubiera desarrollado una actitud positiva. Cuando usted crea que puede hacer algo, tendrá el valor para avanzar, sin importar los temores que deba encarar.

Armado de una actitud positiva, decidí llegar a ser el protagonista de mi vida y explorar mi potencial. Aunque experimenté mucho temor al principio, me sentí seguro. Había tomado el control de mi vida, y fue entonces cuando una serie de posibilidades se abrió ante mí.

¿Percibe usted las increíbles recompensas que se reciben de estar dispuesto a desarrollar una actitud positiva y enfrentar los temores?

Reformule la situación

Infortunadamente no existe una formula mágica con la cual se puedan enfrentar los temores y la ansiedad.

¿De dónde se puede obtener el valor que se necesita para vencer el miedo y así alcanzar el éxito?

La próxima vez que usted enfrente una situación paralizante, le sugiero que la aborde desde otra perspectiva. La mayoría de las personas empieza a pensar, "Yo no podré hacer esto bien", "La gente se va a burlar", "Me van a rechazar". Se empiezan a preocupar demasiado en cuanto a cómo será el momento en que se van a desempeñar, y por causa de esa preocupación se dan por vencidos. La clave más bien está en tener siempre una actitud positiva, prepararse de antemano al mayor grado posible y no estar excesivamente preocupado por el resultado.

Una vez que dé el primer paso para encarar su temor, considérese inmediatamente a sí mismo como un ganador. Así es. Usted ya es un ganador cuando se resuelve y entra en el ruedo, no importa cuál sea el resultado.

Continúe avanzando aunque sienta miedo

Digamos que usted siente temor de hablar en público, pero enfrenta el temor y se atreve a hacerlo. En el momento en que pronuncia la primera palabra ya es un ganador. Es posible que sus rodillas tiemblen y que su voz salga nerviosa. Eso no importa. Lo verdaderamente importante es que aceptó el desafío y enfrentó su temor. ¡Felicitaciones! El resultado, con toda seguridad, será un aumento en su autoestima y una vibrante dosis de entusiasmo.

Es verdad que usted no va a ser aclamado como el mejor orador del mundo en el primer intento. ¿Y qué? Nadie esperaría eso. Nadie es un gran tenista después de su primer juego, ni el mejor nadador con entrar al agua. Desarrollar una habilidad toma tiempo.

Recuerdo mi primer discurso como orador en temas de motivación. Aquello fue en 1988. Mi desempeño no fue nada especial. Pronuncié un discurso a un grupo de vendedores de finca raíz, y déjeme decirlo, estaba aterrorizado. No podía levantar los ojos de mis notas. Afortunadamente el contenido de mi presentación era sólido y la audiencia respondió bien. Sin embargo, tenía un gran camino por recorrer para llegar a ser un buen orador.

Mi segunda presentación fue un poco mejor. Cuando ya había hecho unas cinco presentaciones empecé a utilizar cada vez menos mis notas y a desarrollar mayor contacto con los miembros de mi auditorio. Hoy, 20 años después, se me considera un orador con experiencia y hablo a miles de personas cada año tanto en los Estados Unidos como en el exterior.

Pero nunca olvidemos que todo comenzó con un chico asustado que pronunció su primer discurso, nada trascendental, en 1988.

Luchó por sus sueños

Me gustaría contarle ahora la historia de una mujer que sabe muy bien lo que es pasar más allá de la zona de confort. Su nombre es Dottie Burman. Ella fue profesora de inglés durante 32 años en una escuela secundaria en la ciudad de Nueva York. Sin embargo, desde cuando tenía unos diez años soñaba con participar en el mundo de la música. Pero no lo consideró como una carrera en serio y a cambio escogió la seguridad que brinda la docencia con su remuneración mensual y los beneficios de ley.

Cuando trabajaba como maestra, Dottie empezó a escribir y cantar canciones. Aquello era simplemente un pasatiempo. Un pasatiempo que mantuvo su sueño vivo. Pero a finales de los años ochenta, Dottie tomó una decisión. Se retiraría de la docencia y empezaría una nueva carrera como cantante. En el verano de 1988 pasó su carta de renuncia. Pero en ese momento el terror se apoderó de ella. Se asustó tanto de aventurarse en un mundo desconocido que retiró su renuncia y volvió a la docencia.

> **La única forma de escapar de la prisión del temor es emprendiendo la acción.**
> **—Joe Tye**

Pero algo dentro de Dottie no permitió que su sueño muriera. Seis meses más tarde, en enero de 1989, se enfrentó a su temor y renunció a su empleo. Para aquel tiempo Dottie estaba en sus 50. En 1992, Dottie desarrolló y grabó su propio show musical. El show trataba de sus propios temores, de dejar la seguridad de un trabajo de docente y aventurarse en el mundo del espectáculo.

En la primavera de 1998, Dottie, ahora en sus 60, lanzó su primer CD, *Estoy enamorada de mi computador,* una ingeniosa colección de canciones muy inspiradoras. También cantó las canciones en una revista musical en Nueva York. Hoy en día Dottie continúa presentando sus ingeniosas canciones en teatros y clubes, así como en varias organizaciones por todo el país.

Dottie es la primera en admitir que la transición de su carrera ha estado llena de desafíos y retrasos. Pero, ¿ha valido la pena? Según lo dice ella: "Nunca en mi vida había sido tan feliz".

¡Muy bien Dottie, bravo por enfrentar tus temores... e ins—pirarnos para luchar por nuestros sueños!

Simplemente, ¡hágalo!

Ralph Waldo Emerson dio un simple consejo, el cual, si se sigue, puede transformar vidas. Dijo: "Atrévase a hacer las cosas que siempre ha temido; cuando lo haga, sus temores se habrán desvanecido". Este consejo tiene muchísimo sentido, solo que muchas personas se asustan demasiado como para actuar. Por favor, recuerde mis palabras sobre el precio que se paga cuando uno permite que los temores lo dominen.

Al final, la estrategia de huir de los temores se convierte en una pérdida. Sólo trae frustración e infelicidad. Se lo puedo asegurar por experiencia propia.

No hay nada de malo con tener algunos temores. La gente exitosa tiene temores. La diferencia es que la gente exitosa toma la iniciativa y emprende la acción a pesar de que sienta miedo. No siempre es fácil. Se lo aseguro. Pero siempre se sentirá mejor si enfrenta sus temores.

Huir de los temores es estrategia de perdedores.
—Jeff Keller

Durante los últimos veinte años, he tenido el privilegio de hablar ante miles de personas tanto en los Estados Unidos como en otros países y durante todo este tiempo no he conocido a la primera persona que haya enfrentado sus temores, haya emprendido la acción y luego lo haya lamentado. ¡Ni siquiera una! Pero sí he conocido a muchas personas que se han lamentado de dejar morir sus sueños por retraerse ante sus temores.

Como suele decir mi buen amigo Burke Hedges: *"No seas uno de esos que dejan que sus lamentos ocupen el lugar de sus sueños"*.

Así que, ¡adelante! Enfrente sus temores y esté dispuesto a expandir su zona de confort. El músculo del valor puede ejercitarse como cualquier otro músculo.

Cuando usted realiza varias veces una actividad fuera de su zona de confort, ¿sabe lo que pasa? ¡La actividad misma llega a convertirse en su zona de confort!

Existe otro beneficio cuando usted está dispuesto a expandir su zona de confort. Cuando expulsa el temor y emprende la acción en algunos ámbitos de su vida, desarrolla confianza en otras áreas también. Es cierto, a medida que adquiría más confianza como orador, también llegué a ser mejor en las ventas, mejor hombre de negocios, mejor consejero, y la lista sigue y sigue.

Uno puede intentar todo lo demás. Pero uno no desarrollará sus habilidades al máximo hasta que esté dispuesto a pasar a la zona incomoda. La vida no recompensa a los que rehúsan aceptar retos y desafíos. Es muy importante que usted se ponga en la disposición de un ganador y eso implica emprender la acción, a pesar del temor.

Enfrente sus temores y estará en vías de desarrollar su potencial y de disfrutar de una vida llena de satisfacciones tal como lo ha anhelado. ¡Es una decisión que nunca lamentará!

LECCIÓN 11

INTÉNTELO Y... FALLE

"El fracaso se convierte en una oportunidad
para empezar de nuevo, sólo que de
forma más inteligente".

—**Henry Ford**

No pudo pagar sus tarjetas de crédito por 26 años. Cambió 25 veces de lugar de vivienda para poder conseguir trabajo. Fue despedida 18 veces.

Trabajó 26 años antes de siquiera ganar $22.000 dólares anuales. En ocasiones vivió con cupones de descuento para comida y durmió en su automóvil.

Es probable que usted se esté preguntando, si este libro es sobre el éxito, ¿por qué está hablando de una mujer que tuvo tantos fracasos?

Le diré por qué. La persona descrita arriba es nada más ni menos que la conocida presentadora Sally Jessy Raphael. Como puede ver, a pesar de todos sus tropiezos se resistió a abandonar su anhelado sueño de la infancia de convertirse en presentadora.

Estuvo dispuesta a soportar fracaso tras fracaso hasta lograr el éxito. Hoy, ella gana millones de dólares y disfruta de una amplia y exitosa carrera en la televisión. Todo gracias a que estuvo dispuesta a tener una gran actitud a pesar de años de fracasos.

Al principio

¿Cómo es que alguien como Sally Jessy Raphael pudo aguantar 26 años de fracasos y seguir intentándolo? Si recuerda su propia infancia, usted también verá que demostró tremenda determinación frente a repetidos fracasos.

¿Recuerda cuando aprendió a montar en bicicleta? Quizás comenzó con ruedas auxiliares. Mas tarde, cuando estas ayudas fueron removidas, fue más difícil mantener el equilibrio. Seguramente luchó para conservar su marcha. Tal vez hasta se cayó en varias ocasiones y se raspó las rodillas. Allí aprendió una lección importante sobre el fracaso.

Cuando practicaba, probablemente uno de sus padres iba dando instrucciones animándole y sosteniéndole cuando perdía el equilibrio. Usted se sentía asustado, pero feliz. Anhelaba con entusiasmo el tiempo en que pudiera montar libremente por sí mismo. De modo que insistía todos los días, y con el tiempo logró aprender a montar bien bicicleta.

¿Qué contribuyó a alcanzar el éxito en esta meta? De seguro la persistencia y la regularidad fueron decisivas. Usted iba a lograrlo sin importar el tiempo que ello implicara. También fue una gran ayuda el entusiasmo que demostró – casi no podía esperar para alcanzar su meta. Tampoco olvidemos el efecto del ánimo positivo que recibió. Allí estaban sus padres, patrocinando sus esfuerzos.

A la edad de seis años usted estaba allí, optimista... entusiasmado...listo para asumir el reto. Casi no podía esperar la próxima vez para intentarlo de nuevo, sabía que lo lograría.

Pero eso fue hace mucho tiempo.

Ayer y hoy

Ahora examinemos cómo abordan los adultos el desarrollo de una nueva habilidad. ¿Diría usted que son optimistas... entusiastas y que están listos para asumir el reto? Todos sabemos que la respuesta es "NO".

Supongamos que le pedimos a un grupo de adultos que aprendan un nuevo programa informático o que cambien de puesto en la compañía. ¿Cómo respondería la mayoría?

Tratarían de evitarlo.

Se quejarían.

Encontrarían razones para excusarse de no hacerlo.

Dudarían de sus habilidades.

Estarían asustados.

¿Qué sucedió con ese jovencito rebosante de vitalidad y sentido de aventura? ¿Cómo fue que ese niño se convirtió en un adulto quejumbroso y pesimista respecto a aprender algo nuevo? Esto se debe en parte a que como adultos nos preocupamos más por las opiniones de los demás. Titubeamos con frecuencia porque la gente nos critica o se burla de nosotros.

A la edad de seis años sabíamos que para aprender una nueva habilidad teníamos que caernos de la bicicleta y volver a intentarlo. Caerse de la bicicleta no era una cosa "terrible". Pero a medida que crecíamos empezamos a percibir que caerse era algo malo —en vez de asimilarlo como una parte esencial del proceso para alcanzar una meta.

Como lo consideramos en la Lección 10, puede ser incómodo intentar algo nuevo; quizás hasta aterrador. Pero si usted pierde de vista la meta y enfoca su atención en cómo pueden estarlo viendo los demás, usted se está causando un grave perjuicio. Para desarrollar una nueva habilidad y para alcanzar una meta significativa, usted deberá estar comprometido para hacer lo que sea necesario para lograrlo, aún si esto significa soportar crítica negativa o caerse una y otra vez.

> **El éxito se consigue tras ir de fracaso en fracaso sin perder el entusiasmo.**
> **—Winston Churchill**

La gente exitosa ha aprendido a "fallar" en su camino al éxito. Aunque es cierto que no disfrutan sus errores, los reconocen como algo necesario en su camino hacia la victoria. Después de todo, para alcanzar la excelencia en cualquier campo se requiere tiempo, esfuerzo y disciplina, y la disposición para perseverar a través de las circunstancias que puedan surgir.

Esos fracasos producen millones de dólares

Considere el caso de un jugador de béisbol profesional. En la actualidad, el jugador que logra tres golpes en diez intentos está en la cumbre de su profesión, ganando millones de dólares al año. ¡Eso significa una tasa de fracaso de un 70 por ciento! Y sus seguidores no lo descalifican cuando hace un *strike out*.

Y hablando del béisbol no hay nada más excitante que ver a un jugador golpear un *home run*. Hank Aaron es el líder actual con un registro de 755 *home runs*. Lo que probablemente usted no sepa es que ha tenido 1.383 *strike outs* en su carrera. Así es, Hank ha tenido casi el doble de *strike outs* en comparación con sus *home runs*. Y sin embargo, la gente recuerda más a Hank por las bolas golpeadas que por las perdidas.

> **El error más grande que una persona puede cometer es temer que va a cometer uno.**
> —**Elbert Hubbard**

Cuando yo pregunto el nombre del mejor jugador de basketball de todos los tiempos, ¿quién viene a su mente? Supongo que muchos inmediatamente piensan en Michael Jordan. Y así es. Déjeme compartir con usted algunas estadísticas. Michael Jordan tiene una carrera en la que el 50 por ciento de sus lanzamientos fueron exitosos, lo que significa también que el otro 50 por ciento fueron "fracasos".

Por su puesto que este principio no aplica a los deportes únicamente. También sabemos que las estrellas y personalidades del mundo del entretenimiento no son ajenas al fracaso. Muchos actores pasaron diez o quince años siendo rechazados antes de encontrar un papel que los lanzó a la fama. Y aún así, después de alcanzar cierto grado de éxito, todavía en ocasiones sus películas no son un éxito en taquilla.

La noche que se graduó de la universidad, Ferry Seinfeld hizo su primer concierto de comedia. Lo hizo en un club de comediantes en Nueva York. ¿Cómo le fue? Cuando él describe aquella noche dice: "Fue horrible. Sentía como si me estuviera hundiendo". Sin embargo, no se dio por vencido. Continuó haciendo su programa en las noches. Tuvo cinco años difíciles. Pero luego fue invitado a aparecer en *El show de esta noche* con Johnny Carson en 1981. ¡Fue todo un éxito! Aquello marcó un viraje en su exitosa carrera.

En resumidas cuentas todos estos personajes han aprendido que el éxito, en buena medida, es un asunto de persistencia. Así es, si usted continúa intentándolo, continúa desarrollándose usted mismo, haciendo los ajustes necesarios, va a alcanzar el éxito. Necesitará dar suficientes batazos, ir a un buen número de audiciones y visitar suficientes clientes potenciales...

No se deje intimidar por el fracaso

Quiero contarles la historia de dos muchachos que escribieron un libro que contenía una colección de historias inspiradoras. Calcularon que tomaría unos tres meses llegar a un acuerdo con la compañía editorial.

La primera editorial dijo "NO".

La segunda editorial dijo "NO".

La tercera editorial dijo "NO".

Las siguiente 30 editoriales dijeron "NO".

Habiendo acumulado 33 rechazos en un periodo de tres años, ¿qué cree que hicieron? Enviaron el libro a otra editorial.

La editorial número 34 dijo "SÍ".

Y ese "SÍ" —después de 33 fracasos— fue lo que lanzó al éxito el libro *Sopa de pollo para el alma*, escrito y compilado por Jack Canfield y Mark Victor Hansen. Si usted ha estado en una librería en los últimos diez años apuesto a que ha visto ese libro, y es muy probable que hasta haya leído alguno de la serie *Sopa de pollo*.

La serie de libros *Sopa de pollo para el alma* ya ha vendido más de 100 millones de copias. Y todo ello gracias a que Jack Canfield y Mark Victor Hansen tuvieron la determinación de fracasar una y otra vez, y continuaron haciéndolo hasta que alcanzaron el éxito.

¿Qué sustentó a Jack Canfield y a Mark Victor Hansen a través de aquellos 33 fracasos? ¡Su actitud! Si estos muchachos hubieran tenido una actitud negativa, se hubieran dado por vencidos después del primer o del segundo rechazo, y hubieran perdido una mina de oro. Pero su actitud se mantuvo positiva y optimista, fracaso tras fracaso, tras fracaso.

¿Qué resultados les produjo a ellos cultivar una actitud positiva? En su caso particular de decenas de millones de dólares, cifra que sigue aumentando.

El éxito no ocurre de la noche a la mañana

Otro ejemplo de alguien que aguantó años de dificultad fue la estrella de cine Harrison Ford. A mediados de los años sesenta, Ford buscó participar en el mundo de la actuación. Al principio tuvo muy poco éxito y los productores de cintas solían decirle que le faltaba tener "calidad de estrella". Ford tuvo problemas económicos de modo que se dio por vencido en la actuación y consiguió trabajo como carpintero. Mas adelante, alguien le presentó a George Lucas, quien le dio una parte en una película de 1973 llamada *American Graffiti*. Tiempo después, Lucas le hizo una prueba como Han Solo en *La guerra de las galaxias*. De esa forma Ford fue lanzado a la fama.

> **El éxito, en buena medida, es un asunto de permanecer cuando otros se han ido.**
> **—William Feather**

Así que cuando se considera, no existe tal cosa como el "fracaso" —simplemente hay resultados, algunos más exitosos que otros. El fracaso no significa que se haya intentado todo y que el éxito sea imposible. El éxito es imposible únicamente cuando alguien se da por vencido. Hacer eso es el final. Pero el continuar intentándolo, con sentido de diligencia y compromiso puede convertirse en el éxito.

Nunca se dé por vencido

Al inicio de la década de los 90, el dueño de una empresa en el medio oeste de los Estados Unidos, llamó a mi oficina para solicitar información sobre mis conferencias así como sobre nuestros productos y publicaciones. Yo hablé con él personalmente y le envié sin demora la información que solicitó. Después, cuando lo llamamos para continuar el seguimiento dijo que "lo estaba pensando y que todavía no había tomado ninguna decisión".

Al principio lo llamábamos semanalmente. No se concretó ninguna venta. Más adelante, lo llamábamos una vez al mes. No se produjo ninguna venta. Durante un buen tiempo (años) estuvimos llamando al hombre y enviándole boletines y volantes. Nunca se produjo una venta.

Pero en la primavera de 1998, un representante de aquella empresa llamó a nuestra oficina. Fui contratado para desarrollar un programa sobre motivación con el personal de ventas. Cuando conocí al dueño en persona, me dijo: "Me impresionó su persistencia. Alguien de su oficina se mantuvo llamando por años... y nunca se dio por vencido".

Así es, le sacamos el jugo a años de fracasos, ¡pero bien valió la pena cuando hicimos la venta!

Las preguntas importantes

Si usted no está alcanzando los resultados que desea y se ha desanimado por los fracasos, hágase las siguientes preguntas:

1. *¿Tengo un horario poco realista?* Tal vez usted espera "pasos agigantados" y éxito a gran escala de una sola vez. El éxito se va construyendo un paso a la vez. Y no siempre se sabe cuánto tiempo tomará ir al siguiente nivel. Así que sea paciente consigo mismo y no compare sus logros con los de otras personas. Usted avanzará más rápido que otros y más lento que otros. Mantenga una actitud radiante, emprenda la acción, haga ajustes y los resultados vendrán.

2. *¿Estoy realmente comprometido?* ¿Tiene usted un intenso deseo de alcanzar su meta? Entonces es esencial que esté

dispuesto a hacer lo que se necesite y que descarte cualquier idea de darse por vencido antes de alcanzar su objetivo. Por supuesto, es mucho más fácil estar comprometido cuando ama lo que hace. Por lo tanto, trabaje por sus metas con pasión y nunca considere la idea de rendirse.

3. *¿Tengo demasiadas influencias desalentadoras?* Los resultados indeseados pueden ser frustrantes. Por ello es que necesitamos rodearnos de personas que nos apoyen y crean en nosotros. Si usted se rodea de personas negativas, excesivamente críticas, o que están logrando muy poco con sus propias vidas, su energía y entusiasmo se agotarán. Por consiguiente, desarrolle una red de personas a su alrededor que lo animen y lo impulsen hacia el éxito.

4. *¿Estoy preparado para el éxito?* Para alcanzar el éxito en cualquier empeño se requiere preparación cabal. ¿Está usted aprendiendo todo lo que se necesita para alcanzar su meta? Esto implica leer libros, tomar cursos y relacionarse con personas que sean altamente exitosas en su área. También puede implicar encontrar un mentor o un entrenador con quien trabajar. Los individuos exitosos siempre están afinando sus aptitudes. Aquellos que obtienen pocos resultados, con frecuencia hacen las mismas cosas una y otra vez sin hacer ajustes. De modo que sea "enseñable". Tenga en mente que uno nunca lo sabe todo y busque recursos para mantenerse en la ruta y avanzando hacia delante.

> **¿Quiere que le dé una formula para alcanzar el éxito? Es muy simple. Duplique su tasa de fracasos.**
> **—Thomas J. Watson**

5. *¿Estoy verdaderamente dispuesto a fracasar?* Reconózcalo, el fracaso es inevitable y siempre precede al éxito. En nuestro interior sabemos que algunas de las lecciones más valiosas de la vida provienen de nuestros fracasos. Son esenciales para el crecimiento. Mire al fracaso directamente al rostro y véalo como parte natural del proceso para alcanzar el éxito. Cuando lo haga, el fracaso perderá su fuerza. La verdad es

que cuando usted no tema fracasar, estará en el camino al éxito. Reciba el fracaso como una parte inevitable pero a la vez vital en su lucha para alcanzar sus metas.

Convierta los fracasos en éxitos

Los fracasos son experiencias de aprendizaje que indican los ajustes que se deben hacer. *Nunca* se esconda del fracaso. Esa postura garantizará que usted no tome riesgos y que como consecuencia obtenga muy pocos resultados. Beverly Sills una vez comentó: *"Es posible que se sienta decepcionado si fracasa, sin embargo se sentirá frustrado si no lo intenta"*.

No, usted no cerrará cada venta, y no ganará dinero en cada inversión. La vida es una serie de ganancias y pérdidas, aún para los más exitosos. Los ganadores saben que uno gatea antes de caminar, que uno camina antes de correr, y que con cada nueva meta vendrá una nueva serie de fracasos. De usted dependerá si ve cada decepción como un retraso, como un desafío para superar o como un obstáculo insalvable.

Si usted se aplica a aprender de cada derrota y se mantiene enfocado en la meta final, entonces el fracaso lo llevará al éxito.

LECCIÓN 12

REDES QUE CONDUCEN
A RESULTADOS

"Usted podrá alcanzar todo lo que desea en
la vida si ayuda suficientemente a otras
personas a conseguir lo que deseen".
—**Zig Ziglar**

Cuando en el verano de 1990 conocí a Stu Kamen, un
escritor de textos publicitarios, se accionó una increíble
cadena de reacción que generó impactantes resultados
en mi negocio. Permítame contarle lo que sucedió.

En 1992, Stu era un escritor adjunto al boletín *Think &
Grow Rich*. Por sugerencia de Stu el boletín publicó una página
de portada acerca de como pasé de ser abogado a convertirme
en un orador en temas de motivación. Al mismo tiempo, hice un
arreglo con el boletín en el que ellos venderían mis productos
"*La actitud lo es todo*", a través de su publicación. Se vendieron
miles de artículos.

El boletín *Think & Grow Rich* empezó a publicar algunos de
mis artículos. Como resultado recibí muchas llamadas de sus lec-
tores y fui contratado para varias conferencias sobre motivación.

También recibí una carta de uno de los suscriptores, llamado
Jim Donovan, quien vivía en Nueva York en aquel tiempo. Lle-
gamos a ser buenos amigos. Jim me referenció con mi editorial,
la editorial que publicó el libro que usted tiene ahora en sus manos. A propósito, Jim escribió dos excelentes libros de autoayuda
Manual para una vida más feliz y *Este no es un ensayo, esta es su vida.*

> **Cuando usted es positivo y demuestra entusiasmo, la gente desea estar a su lado.**
> **—Jeff Keller**

Y todas estas cosas maravillosas pasaron porque me conecté con la red de Stu Kamen... y luego con la red del boletín *Think & Grow Rich*... y luego con la red de Jim Donovan. Los alcances de las redes son maravillosos.

Si a usted se le da la oportuni−dad, ¿no es verdad que le gustaría alcanzar el éxito lo más pronto posible, sin demora alguna? Bueno, las redes son una forma de acrecentar sus esfuerzos y de acelerar el paso para obtener resultados. Entre más sólidas sean sus relaciones con otros, mayores oportunidades tendrá de alcanzar el éxito.

Los beneficios de las redes

Aunque es cierto que el éxito depende de usted, también es cierto que alcanza mejores niveles como resultado de las co−nexiones y de las relaciones con otras personas. Dicho de forma simple, usted no podrá alcanzar el éxito a gran escala por sí solo.

Por ello es que las *redes* son tan importantes. Para los efectos de esta lección definamos redes como el desarrollo de relaciones con otros con un mutuo beneficio en la mira.

En el área comercial, las redes ofrecen los siguientes beneficios:

- Refieren nuevos clientes y conducen a más negocios.
- Aumentan las oportunidades laborales.
- Ayudan a encontrar al personal apropiado para ocupar puestos de alta responsabilidad.
- Suministran información y recursos valiosos.
- Ayudan a resolver problemas.

En el ámbito personal, estos son
los beneficios de las redes:

- Ensanchan su entorno social ya que le introducen a nuevos amigos.
- Le permiten familiarizarse con personas de diferentes culturas y antecedentes.
- Suministran información y recursos valiosos.
- Contribuyen a su crecimiento espiritual.

Ahora que sabemos lo que las redes pueden lograr, la pregunta es: ¿Qué podemos hacer para aumentar la efectividad de nuestras redes? Permítame compartir 16 técnicas que he encontrado útiles. Para simplificar, las he organizado en cuatro categorías: 1) actitud y acción; 2) referidos; 3) comunicación; y 4) seguimiento.

ACTITUD Y ACCIÓN

1. *Proyecte una actitud de ganador.* Cuando se trata de redes, ¡la actitud lo es todo! Cuando usted es positivo y demuestra entusiasmo, la gente desea estar a su lado. Querrán ayudarle. Si usted es pesimista y negativo, la gente lo evitará, y dudarán en presentárselo a sus amigos y colegas.

2. *Participe de forma activa en grupos y organizaciones.* La construcción de las relaciones y las redes efectivas implica más que simplemente devolver favores, tener el nombre en un directorio y aparecer en algunas reuniones. Usted debe demostrar que dedica tiempo y hace un esfuerzo por contribuir al desarrollo y bienestar del grupo.

   ¿Qué tipo de cosas puede hacer? Para empezar, puede ofrecerse como voluntario para trabajar en algún comité o ayudar a los miembros de la junta directiva. Los demás miembros del grupo le respetarán cuando vean que se sube las mangas y participa en el trabajo. También van a ver sus habilidades, su carácter, sus valores, y no por estar al final lo menos importante, su actitud en acción. .

   Volvamos con Stu Kamen por un momento. Él deseaba

> **Usted no consigue
> si no da.**
> —Eugene Benge

incrementar su red de contactos con agencias de publicidad, de modo que, en 1994 se asoció con *Long Island Advertising Club*. Inmediatamente Stu empezó a asistir a sus reuniones. Cuando pidieron voluntarios para algunos proyectos, Stu levantó su mano. Se involucró activamente.

Después de seis meses, alguien se le acercó y le dijo. "Hemos escuchado buenas cosas acerca de usted. Sabemos que es un buen trabajador y que tiene muy buena energía. ¿Le gustaría ser parte de nuestra junta directiva?" Como usted lo imagina, Stu aceptó inmediatamente. Luego de tan solo unos cuantos meses, empezó a ver que su negocio crecía significativamente. A principios de 1999 Stu me dijo que más del 50% de sus negocios estaban relacionados con gente que conoció a través de *Long Island Advertizing Club*. Lo anterior es un ejemplo evidente de que se pueden alcanzar excelentes resultados en corto tiempo valiéndose de las redes eficazmente.

3. *COLABORE con otros en su red*. La colaboración es fundamental al construir una red. De modo que en vez de preguntarse, "¿Cómo pueden otros actuar en mi beneficio?", uno debe preguntarse, "¿Cómo puedo actuar en beneficio de otros?" Si uno asume el papel de "beneficiario" y no tiene en cuenta su función de "dador" dentro de la red, no encontrará a muchas personas que quieran ayudarle. El siempre hacer algo adicional en beneficio de otros, incentiva un buen flujo de cosas que vendrán de vuelta a usted. .

¿Cómo puede usted beneficiar a otros en su red? Comience por referenciar negocios o clientes potenciales. También, cuando encuentre un artículo u otra información que pueda ser de interés a alguien en su red, remita la información a esa persona. .

Cuando pienso en personas que trabajan eficazmente en red viene a mi mente Mark LeBlanc. Mark hace presentaciones ante empresarios que quieren impulsar sus negocios y a equipos de ventas que quieren ser eficaces en su función. Yo he referido muchos clientes a Mark. ¿Por qué? Tiene talento, está orientado al servicio, me ha animado muchas veces y me ha ayudado a acrecentar mi negocio. .

Mark me ha puesto en contacto con la gente de su propia red quienes a su vez me han ayudado. Mark distribuye mis materiales en sus presentaciones. Es una de esas personas que se mantienen dando... y dando... y dando. Por eso es que la gente siempre quiere ayudar a Mark, – y esa es una de las razones por las cuales su negocio crece.

REFERIDOS

4. *Si usted refiere a alguien, asegúrese de que esa persona mencione su nombre como fuente de la referencia.* Sea explícito. Digamos que usted está a punto de referir a John Smith con su diseñador gráfico James Jones. Usted pudiera decirle a John: "Dale un llamada a James, y por favor, díle que es de mi parte". En algunos casos puede ser buena idea llamar a James y avisarle que John Smith le va a llamar. Mas adelante, la próxima vez que hable con James pregúntele si John llamó y qué sucedió. Así usted dejará saber a James que usted se interesa en él y en que su negocio crezca.

5. *Sea selectivo.* No es bueno referir a cada persona que usted conozca. Tenga en mente la disponibilidad de tiempo de los que hacen parte de su red. Por otra parte, referir a al–guien no calificado es nocivo para usted. Pregúntese si un referido en particular resultará de verdadero valor en la red de su amigo. Tenga en mente que la clave es la calidad, no la cantidad.

COMUNICACIÓN

6. *Sea un buen escucha.* ¿Alguna vez ha hablado con alguien que habla y habla de sí mismo y de su propio negocio, pero

que no se toma la molestia de preguntar por usted? Todos conocemos al prototipo "Yo, Yo, Yo". Esas son las últimas personas que uno desearía ayudar.

Así que, en las conversaciones, esfuércese por hacer que la gente se sienta incluida. Permítales hablar de sus carreras y de sus intereses. Como consecuencia otros lo percibirán a usted como alguien compasivo, atento e inteligente. En el momento debido, el tema de la conversación girará hacia usted. Sí, el anterior consejo proviene de Dale Carnegie 101... ¡Realmente funciona!

7. *De vez en cuando llame a sus conocidos simplemente por razón de que usted se interesa en ellos.* ¿Cómo se siente usted cuando alguien lo llama y le dice: "Oye, estaba pensando en ti y me estaba preguntando como van las cosas contigo"? Seguramente, se siente de maravillas. Si así es, ¿por qué no hace usted este tipo de llamadas de forma frecuente?.

> **Usted puede alcanzar el éxito mejor y más rápido ayudando a otros a alcanzar el éxito también.**
> **—Napoleón Hill**

Con alguna regularidad llame a la gente de su red simplemente para preguntarles cómo les va y para ofrecer apoyo y estímulo. Así es, llame simplemente porque se interesa —y porque esa es la forma en que a usted también le gustaría ser tratado. Todos los diciembres, tomo mi teléfono y hablo con los clientes con los que no he hablado por algún tiempo. Algunos de ellos no han solicitado nada de mi compañía en años. Mi llamada es optimista y mi intención simplemente es ser amigable. No trato de venderles nada. Aprecio los negocios que he tenido con ellos en el pasado, y sencillamente me interesa saber cómo les va, tanto en lo profesional como en lo personal...

Si algún negocio resulta de esas llamadas, estupendo.

Si ningún negocio resulta de esas llamadas, estupendo.

Sin embargo, año tras año surgen nuevos negocios como resultado de esas llamadas. Alguien dice: "Quiero hacer un

pedido de esos botones de ¡La actitud lo es todo!" o "Nues–
tra compañía tiene una reunión de ventas en los próximos
meses y quieren que hagas una presentación".

Esto, y lo digo con toda sinceridad, no es manipulación de
mi parte, tampoco una táctica de ventas. Cuando hago las
llamadas, no lo hago pensando en obtener nuevos nego–
cios. De verdad me interesa saber cómo les está yendo. Los
negocios que a veces resultan son sólo una derivación de
volverlos a contactar.

8. *Aproveche las oportunidades que se le presentan todos los días de
    conocer a personas nuevas.* Usted puede lograr hacer excelentes
    contactos en cualquier lugar. Tanto en el gimnasio como
    en la fila del supermercado. Uno nunca sabe de cuál semilla
    germinará una relación valiosa.

    Cuando voy al gimnasio los fines de semana, siempre llevo
    una camiseta con el logo "¡La actitud lo es todo!" Ese simple
    hecho, se convierte en un gran rompe hielos de modo que
    la gente se me acerca y me habla del tema de la actitud.
    También me da la oportunidad de aprender de las personas
    y de contarles acerca de mi compañía.

9. *Trate a cada persona como importante, no sólo a los influyentes.*
    Cada persona que usted conoce (sea o no el jefe) puede
    tener un amigo o un pariente a quien le puede beneficiar
    su producto o servicio. Así que, cuando esté hablando a una
    persona en una reunión o en una fiesta, dé a esa persona
    atención indivisa. Nunca sea de esas personas que mira al–
    rededor para ver dónde están las personas importantes para
    buscar relacionarse sólo con ellas. Eso realmente es molesto.
    Imagine que eso le pasara a usted. Usted está hablando con
    alguien y de repente esa persona ve de reojo a alguien que
    considera más importante que a usted. La persona deja de
    prestarle atención y abruptamente se va e inicia una con–
    versación con esa otra persona. Eso es terrible, ¿no es así?
    Tratemos a todos con dignidad y respeto.

10. *En las reuniones y seminarios procure conocer a diferentes perso-nas.* No se siente con el mismo grupo en las reuniones. Es cierto que es genial hablar con los amigos durante parte de la reunión, pero obtendrá grandes beneficios si intenta conocer a personas nuevas.

En 1994, fui a Washington, D.C., para atender una con-vención anual de la *National Speakers Association*. Durante el almuerzo, en vez de sentarme con algunos amigos, me senté en una mesa donde no conocía a nadie. Allí había una mujer cuyo nombre es Joan Burge. En algún momento iniciamos una conversación. Su empresa, *Office Dynamics*, lidera programas de entrenamiento para profesionales en el área administrativa.

Resultó que Joan también era una convencida total de que ¡la actitud lo es todo! Y, hoy en día, casi 15 años después, continúa haciendo pedidos de botones "¡La actitud lo es todo!", los cuales son distribuidos a muchos de los partici-pantes de sus programas de entrenamiento. Adicionalmente, Joan siempre dispone un mostrario de mi literatura en sus programas, lo cual ha generado miles de dólares en ventas para mí. Pero lo más importante de todo es que ella ha llegado a ser una gran amiga.

Estoy muy feliz de que no me senté con mis amigos aquel día. ¡Me hubiera perdido de una oportunidad maravillosa!

11. *Esté dispuesto a ir más allá de su zona de confort.* Por ejemplo, si usted siente el deseo de presentarse a alguien. ¡HÁGA-LO! Es posible que titubee, pensando que esa persona es demasiado importante o que está demasiado ocupada para hablar con usted. Aunque esté nervioso, tome la iniciativa y realícelo. Se sentirá más cómodo con el paso del tiempo.

12. *Pida lo que desee.* Cuando usted ayuda a otros, se gana el derecho de solicitar su ayuda. No sea tímido. Así como usted ha hecho lo mejor por ayudar a aquellos que están en su red, ellos también estarán muy dispuestos a ayudarlo a usted.

SEGUIMIENTO

13. *Envíe una nota de agradecimiento después de haberse reunido con alguien por primera vez.* Digamos que usted asistió a una cena e hizo un nuevo contacto. Envíe una nota tan pronto como le sea posible explicando cuánto disfrutó la reunión y haber conocido a esta persona. Adjunte algo de sus propios materiales y, si es posible, incluya información que pueda ser de interés para esa persona (pudiera ser el nombre de una revista o una tarjeta de suscripción). Pregunte si hay algo que pueda hacer para ayudar a esta persona y asegúrese de enviar la nota dentro de las 48 horas siguientes después de la reunión inicial.

14. *Envíe notas respecto a presentaciones o artículos.* Si usted escucha una presentación impactante o lee un gran artículo, envíe una nota al orador o al escritor y dígale que disfrutó la información y cuanto aprendió de

> **Trate a todas las personas con dignidad y respeto.**
> **—Jeff Keller**

su mensaje. Una persona entre mil haría esto, sea usted esa persona. Con lo anterior no estoy diciendo que los oradores o los escritores sean gente especial que necesiten ser adorados. El punto es el siguiente: los oradores y los escritores con frecuencia desarrollan una gran red de personas que abarca una buena variedad de industrias —una red a la cual usted podrá conectarse.

15. *Cuando usted reciba alguna referencia o algún artículo escrito útil, SIEMPRE envíe una nota de agradecimiento para expresar su aprecio.* Tenga en cuenta esta sugerencia sólo si desea recibir más referencias o más información útil. Si usted no agradece a esta persona lo suficiente, estará menos inclinada a enviarle más información en el futuro.

16. *Envíe cartas y tarjetas de felicitación.* Si alguien de su red es ascendido, obtiene un premio, o tiene algún otro motivo para celebrar (por ejemplo, un matrimonio o un nacimiento),

envíe una nota de felicitación. A todo el mundo le estimula ser reconocido, sin embargo, muy pocas personas se toman el tiempo para demostrar su reconocimiento a otros. También es apropiado enviar una carta o un recordatorio cuando un ser querido fallece.

Construya su red

Las sugerencias mencionadas arriba son la punta del iceberg. Usted puede encontrar muchas ideas útiles por su propia cuenta. ¿Cómo? Diríjase a su biblioteca o vaya a una librería. Busque información sobre las redes y observe lo que otros han hecho; adapte las sugerencias a sus circunstancias personales.

Recuerde que las redes se construyen con el tiempo y que los resultados significativos no se ven inmediatamente. ¡Sea paciente! Construya una buena red de relaciones; continúe expandiéndola y fortaleciéndola. Deberá construirla lo suficiente antes de em—pezar a cosechar las recompensas.

Una palabra final: Las buenas habilidades para establecer redes no constituyen un sustituto para lograr la excelencia en su área de especialidad. Usted puede ser muy hábil en las relaciones públicas, pero si no tiene talento en lo que hace —y continúa aprendiendo y mejorando— sus esfuerzos producirán resultados desalentadores.

Así que, ¡adelante! Escoja algunas de las técnicas para esta—blecer redes e impleméntelas inmediatamente. Manos a la obra. Dé de usted mismo y mejore su red. Entonces tendrá un gran ejército de personas ayudándole a alcanzar el éxito.

CONCLUSIÓN

Cambie su actitud y cambie su vida

"Para cambiar sus circunstancias, primero
empiece a pensar de forma diferente"
—**Norman Vincent Peale**

28 de julio de 2006. Atlanta, Georgia. Acabo de terminar una presentación en un auditorio ante cientos de personas que vinieron a Atlanta para un seminario de un fin de semana. Algunos de los mejores oradores sobre desarrollo personal están aquí, incluyendo a Jim Rohn y a Bob Proctor. Como usted probablemente lo sepa, ellos son las grandes "leyendas" en el mundo de la autoayuda. Cada uno de ellos ha hablado a millones de personas en todo el mundo y cuentan con más de cuarenta años de experiencia.

Estaba a punto de recoger mis cosas cuando todos salían del salón. Pero por alguna razón, me detuve por un momento. Me remonté a 1985, cuando estuve sentado en mi estudio, negativo y deprimido. En aquel tiempo, apenas había empezado a escuchar programas de audio realizados por Jim Rohn y Bob Proctor. Ahora, veinte años después, tenía el honor de hablar en el mismo escenario con ellos.

Pensé, ¿cómo sucedió todo esto?

La respuesta vino a mí resonante y clara: Cambié mi actitud.

Como usted puede ver, cuando uno cambia su actitud, el universo se transforma. Usted se siente con energía. Empieza a ver nuevas posibilidades. Emprende la acción. Obtiene resultados extraordinarios. Por ello es que yo digo que *¡cuando cambia la actitud, cambia la vida!*

Ahora bien, estaría simplemente bromeando si yo dijera que los pasados veinte años han sido un abanico de éxitos. Lejos de ello. He tenido mi parte en derrotas y retrasos. Sin embargo, los principios que he considerado en este libro me han dado el coraje, la guía y la fuerza que he necesitado para continuar adelante.

Tome el control de su vida

Me alegra saber que ha dedicado el tiempo necesario para leer este libro. Eso demuestra que verdaderamente está interesado en desarrollar su increíble potencial. No obstante, leer este libro es el primer paso para vivir la vida que desea vivir. Cuando usted se enfoca en estos principios, y emprende la acción para implementarlos, está en vías de producir cambios sobresalientes en su vida. Tal vez usted sepa que sólo el 5% de la población alcanza un alto nivel de éxito. ¿Por qué ocurre eso? Después de veinte años de investigación, he llegado a la siguiente conclusión: *es excepcional el individuo* que aplique *diariamente* los principios de éxito explicados en este libro.

> **Actúe como si fuera imposible fallar.**
> **—Dorothea Brande**

Es muy raro el individuo que mantenga consistentemente una actitud positiva, y que crea que sus pensamientos pueden convertirse en realidad.

Es muy raro el ser humano que vigile sus palabras sabiendo que está programando su mente para el éxito, la mediocridad o el fracaso.

Es muy extraña la persona que tiene el valor de confrontar sus temores, porque de allí es de donde se desarrolla su potencial, es decir, haciendo las cosas que le da miedo hacer.

Es poco común el individuo que busca lo bueno en cada experiencia dolorosa.

Es muy raro el individuo que constituye un compromiso y se apega a él con una actitud positiva; y tiene la persistencia para completar el trabajo.

Lo reto a que usted sea uno de esos individuos.

Usted tiene el potencial de llegar a ser mucho más de lo que siempre ha soñado ser. Usted tiene la grandeza dentro de usted, y su actitud es la clave para liberar todo ese potencial. Cambiar mi actitud cambió mi vida. Y si el tener una mejor actitud obró milagros en mi vida, puede también lograrlo en la suya.

Me gustaría compartir con usted estas palabras del doctor Charles Swindoll, quien captura la esencia de la actitud y describe como encamina la dirección de nuestras vidas:

"Mientras más vivo, más me doy cuenta del impacto de la actitud en la vida. La actitud para mí, es más importante que los hechos. Es más importante que el pasado, que la educación, que el dinero, que las circunstancias, que los fracasos, que los éxitos, que lo que la demás gente pueda pensar, hacer o decir. Es más importante que la apariencia, que las habilidades naturales o las destrezas. La actitud puede crear o destruir una empresa… una iglesia… una casa.

La cosa sorprendente es que todos los días tenemos la oportunidad de decidir la actitud que adoptaremos para enfrentar ése día. No podemos cambiar nuestro pasado… tampoco podemos cambiar el hecho de que la gente se comporte de cierta manera. No podemos cambiar lo inevitable. Lo único que podemos hacer es jugar la carta que tenemos, y esa carta es la actitud.

Estoy convencido de que la vida es un 10% lo que me sucede y un 90% cómo reacciono ante lo que me sucede. Y lo mismo ocurre con usted… todos estamos en posición de controlar nuestra actitudes".

¡Qué palabras tan hermosas! ¿No es así? Hagamos lo que Charles Swindoll sugiere y "juguemos la carta que tenemos – nuestra ACTITUD".

Así que ahora es el momento de tomar el control de su actitud. Ahora es el momento de alcanzar grades éxitos en su propia vida. ¡Adelante —crea en usted! Desarrolle el valor y la persistencia para luchar por sus sueños. Y sobre todo, nunca, nunca olvide que... ¡La actitud lo es todo!

Que tengas éxito en tu vida.

La actitud lo es todo

de Jeff Keller

Esta obra se terminó de imprimir en
enero de 2014 en Cargraphics, S.A. DE C.V.
Calle Aztecas No. 23, Col. Santa Cruz Acatlan
Naucalpan, Edo. de México C.P. 53250